तुम गरीब हो क्योंकि...!

अमीर बने लोग किन बाधाओं से रूबरू होते हैं
और उनको दूर करने का रास्ता कैसे खोजते हैं

अतुल सिंह

First Published in April 2022

ISBN: 978-93-5611-553-8

BLUEROSE PUBLISHERS

www.bluerosepublishers.com

info@bluerosepublishers.com

+91 8882 898 898

Cover Design:

Geetika

Typographic Design:

Namrata Sain

Distributed by: BlueRose, Amazon, Flipkart

समर्पण

मैं यह पुस्तक उन सभी माता-पिता, गुरुओ, युवाओं, छात्रों को समर्पित करता हूं जो अपने जीवन का एक ध्येय रखते हैं पर वह अपने लक्ष्य को क्यों नहीं प्राप्त कर पा रहे हैं? नहीं जानते हैं और क्यों अमीर नहीं बन पा रहे हैं? इसका उत्तर भी उनके पास नहीं है।

आभार

मेरे परम प्रिय मित्र रवि दुबे जो मेरे मार्गदर्शक भी रहे हैं और जिनकी प्रेरणा मुझे हमेशा मिलती रही है। उस प्रिय मित्र का, मेरे गुरु प्राचार्य डॉ रजनी कांत जी का, मेरे बड़े भाई श्री जितेंद्र सिंह जी का, मेरी पत्नी श्रीमती रश्मि सिंह का जिन्होंने मुझमें नई ऊर्जा का संचार किया है, छोटे भाई विपुल सिंह का जो मेरी शक्ति का बिंब रहे हैं तथा प्रेस के उन सभी लोगों का जिन्होंने इस पुस्तक के प्रकाशन में अपना सहयोग प्रदान किया है, मैं हृदय से सभी का आभारी हूं।

प्रस्तावना

मैं अधिकांश लोगों को जानता हूं जो अमीर बनना चाहते हैं पर वह यह नहीं जानते कि अमीर कैसे बने? उनमें से कुछ लोग तो यह भी नहीं जानते कि वह क्या कर रहे हैं ? वह निश्चित रूप से अपना अधिक से अधिक समय व्यर्थ कर चुके होते हैं या कर रहे होते हैं। मैं इस पुस्तक के माध्यम से उन सब लोगों को उन गूढ़ तथ्यों को बताने का भरसक प्रयास कर रहा हूं जिससे वह अमीर बन सके। हमें सबसे पहले यह जानना होगा कि अगर अमीर बनना है तो हमारे जीवन में एक लक्ष्य होना निहायत ही जरूरी है। जब हम अपने लक्ष्य को प्राप्त कर सफलता अर्जित करते हैं जिसके उपलक्ष्य में हमको यस,धन, नाम, शक्ति, शोहरत इत्यादि मिलती है और हम अमीर बन जाते हैं। हमें यह भी जानना होगा कि अमीर लोग क्या सोचते हैं? हमें यह भी जानना होगा कि वह क्या करते हैं? क्या- क्या त्याग करते हैं? इत्यादि बातों को जानकर हमें अपने आगे की राह प्रशस्त करनी होगी। यहां पर सबसे पहले हमें यह जानना होगा कि अमीर बनने वाला हर व्यक्ति अपने पास अमीर बनने का लक्ष्य रखता है। वह अमीर इसलिए है क्योंकि वह अमीर बनना चाहता था इसलिए हमें सबसे पहले अपने लक्ष्य के बारे में जानना होगा। अधिकांश लोग यूं ही जीवन यापन कर अपनी पूरी जिंदगी खराब कर देते हैं और उनको अपने जीवन के लक्ष्य का पता तक नहीं चल पाता। बिना लक्ष्य के जीवन में रोमांच पैदा नहीं हो सकता अतः अपने जीवन को रोमांचित करने के लिए इसे लक्ष्य रूपी जामें को जरूर पहनाएं। अधिकांश लोग बिना लक्ष्य को रखे ही अपने जीवन को व्यर्थ कर डालते हैं। लक्ष्य रखने के बाद इसे प्राप्त करने का मार्ग हमें नहीं पता होता इसलिए हमें हमारे लक्ष्य का, उसके मार्ग का मालूम होना बहुत ही जरूरी है। लक्ष्य को हम अपने आकलन और लक्ष्य के रास्ते में उत्पन्न बाधाओं को जाने बिना

हम उसे प्राप्त नहीं कर सकते। सबसे पहले हमें हमारे लक्ष्य के बारे में अच्छे से, पूर्ण जानकारी होनी चाहिए जिससे हम उसे सहजता से प्राप्त कर सकें। कई बार लक्ष्य को जानने और उसका हमारे पास मार्ग होने पर भी हम लक्ष्य को नहीं भेद पाते। इसका सबसे बड़ा कारण होता है कि हमें यह नहीं पता होता है कि हम अमूक लक्ष्य को क्यों भेदना चाहते हैं? या भेदने का कारण क्या है? लक्ष्य रखना जितना जरूरी है उतना ही उस लक्ष्य को भेदने का कारण रखना भी जरूरी है। जितना बड़ा कारण होगा लक्ष्य उतना ही सहजता से भेदा जा सकता है। कई बार हम समझ नहीं पाते और हमारे सामने से बहुत अच्छे अवसर निकल जाते है। हम अपने अज्ञान के चलते अवसरों को यूं ही जाया करते रहते हैं। जब एक बार हमारे हाथ से अवसर निकल जाता है फिर हमें पछताना होता है। क्योंकि अवसर अपने पैर रखता है इसलिए वह निश्चित समय में ही हमारे से ओझल हो जाता है । अवश्यकता है कि हम अवसरों को परख सके, उनको जान सके और उनका फायदा उठा सकें। कई बार हमारे अंदर पहल करने की क्षमता नहीं होती है जिससे हम सोचते तो जरूर हैं पर हम कुछ भी नहीं कर पाते। हम जहां पहले थे आज भी हम वहीं पर होते हैं जबकि पहल करने वाले और अवसरवादी लोग हमसे कहीं आगे निकल जाते हैं। आप अवसरों का सृजन करें, अवसर बनाएं और उनका उपयोग करें। अवसर कभी भी सम परिस्थितियों में नहीं बनाए जाते यह एक विषम स्थिति होती है जिसका फायदा हमारे द्वारा उठाया जाता है और यह हमारे अनुकूल हो जाती है। हमें प्रकृति और ईश्वर में फर्क करना बंद कर देना होगा क्योंकि प्रकृति ईश्वर का ही एक रूप है। हम प्रकृति के एक अभिन्न अंग हैं अतः हम और प्रकृति एक दूसरे से अलग नहीं हो सकते। हमें अपनी जरूरत के अनुसार प्रकृति से इच्छा रखनी चाहिए। उन इच्छाओं को प्रकृति से पूरा कराना चाहिए। प्रकृति सर्वे सर्वा है । इसके पास किसी भी चीज की कोई कमी नहीं है । यह कभी मना नहीं करती है क्योंकि इसका नियम ही यही है। प्रकृति के नियम को जानने के बाद हमें सबसे पहले समय की मांग को जानना होता है। समय की क्या आवश्यकता है? हमें इसके अनुसार अपने को ढालना होता है। जो इंसान समय का पाबंद होता है वह

सफलता के लिए तैयार माना जाता है। हममें अनेकों प्रकार की कमियां होती हैं। इन कमियों को हमें जानना होगा। इनको दूर करना होगा और इन पर विजय पाने के मार्ग को प्रशस्त करना होगा। हम बिना लक्ष्य को भेदे सफलता नहीं पा सकते और बिना सफलता के हम अमीर नहीं बन सकते। हमारे अमीर बनने के रास्ते में सहायक बाजार , कानून और संगठन जैसे अहम पूरक होते हैं जो हमारे लक्ष्य प्राप्ति के रास्ते में उत्पन्न बाधाओं को दूर करने में हमारी सहायता करते हैं। हमें इन सब मुख्य बातों पर ध्यान देकर आगे बढ़ना होगा जिससे हम अपना लक्ष्य जान सके , उसका रास्ता बना सके, उसके भेदने का कारण रख सकें, अवसरों का फायदा उठा सकें, पहल कर सके, समय के अनुसार चल सके, अपनी कमियों को दूर करते हुए समाज की कुरीतियों से लड़ सकें और लक्ष्य मे सहायक पूरको का सहयोग लेकर हम अपने लक्ष्य को पूरा कर सकें जिससे हम विजय प्राप्त कर सकें। आशा है कि मेरी पुस्तक आपको आपकी मंजिल तक पहुंचाने में अवश्य ही मदद करेगी।

मैं लक्ष्य से पीछे प्रतिपल
ना थकने, ना रुकने के मन से
दृढ़ प्रतिज्ञा लेकर निश्चय
भेदना है लक्ष्य
लगन से, कर्मों से
त्याग कर, सिंचित कर
छोड़ना है क्रोध, लोभ, मोह, माया
बस देखना है कहां है जाना
आलस्य से कर किनारा
पुरजोर लगाकर है दिखाना
जो कहा है या नहीं
करके दिखाऊंगा
ठाना हूं फिर क्या?
पीछे नहीं जाऊंगा

क्या लेगा बली तू मुझसे?
हंसकर खुद समर्पित होता हूं
खोकर कुछ भी
सहकर कुछ भी
आखिर मैं कर ही लूंगा
लो आज दृढ़ होकर मैं बोलता हूं
जो सिर्फ मेरे लिए बना है
उसे हासिल कर लूंगा
करके ही दम लूंगा।

- अतुल सिंह

विषय वस्तु

1. लक्ष्य को न जानना

हममें से अधिकांश लोग अपने जीवन का लक्ष्य ही नहीं जानते हैं। वह नहीं जानते कि उन्हें अपने जीवन को किस तरह से सफल बनाना है। यह केवल आम लोगों की ही समस्या नहीं है बल्कि यह अनेकों महान युग पुरुषों के साथ भी समस्या उत्पन्न हुई है। वह भी पहले अपने जीवन का उद्देश्य नहीं जानते थे। अपने लक्ष्य को न जानने वाले लोगों को चरितार्थ करती यह कविता आपको जरूर पढ़नी चाहिए।

"इस जिंदगी से कीमती क्या है? इस जहां में,
तुमसे अच्छा क्या है ? इस रजा में
जानकर भी अनजान हो तुम
कभी तो धधकती है, मेरी रगे भी
सीना भी जोरों से धड़कता है
कहता है यह सारा मंजर मुझसे
तुम्हारी उपस्थिति की क्या वजह है?

जो पूछना था मुझे खुद से
वह दूसरों से पता चला है
चलो अब ही सही पूछ लो
अपनी अंतरात्मा से
तेरी क्या विशेषता है ?
क्या पहचान है , इस जहां में ?
आने की क्या वजह है?

लक्ष्य न जानने का सबसे बड़ा उदाहरण मिलता है गोस्वामी तुलसीदास जी की जीवनी से। हम प्रभु श्री राम के अत्यंत उपासक संत तुलसीदास जी के जीवन पर, उसके अहम बिंदुओं पर नजर डालते हैं। जिससे हमें कुछ रोचक तथ्यों के बारे में पता चलता है। एक ब्राह्मण परिवार में गोस्वामी तुलसीदास का जन्म हुआ। उन्होंने 10 माह गर्भ में रहने के उपरांत राम बोलकर जन्म लिया। इसलिए बचपन में इन्हें रामबोला नाम से जाना गया तदुपरांत बाद में इनका नाम तुलसीदास पड़ा। इनकी शादी रत्ना नाम की युवती से हुई जो अत्यंत खूबसूरत और आकर्षक थी। रामबोला अपनी पत्नी के प्रेम में अंधे हो चुके थे। वह अपनी प्रिय पत्नी को छोड़कर कुछ छड़ भी ना रह पाते। वह अपनी पत्नी की विराह सहन न कर पाते। एक दिन रत्ना अपने मायके तुलसीदास को बिना बताए चली जाती है। जब तुलसीदास घर आकर देखते हैं तो उसे रत्ना नहीं मिलती, जिससे तुलसीदास अपना धैर्य खो बैठते हैं। वह रत्ना की खोज में घर से बाहर निकल पड़ते हैं। नदी में शव को नाव समझ कर वह उसको पकड़ कर नदी पार कर जाते हैं। अपनी ससुराल पहुंचते-पहुंचते उनको रात हो जाती है। अंधेरा व्याप्त हो चूका होता है। खिड़की में लटके सर्प को पकड़कर वह अटारी चढ़ जाते हैं। रत्ना अपने प्रिय पति को देखकर चकित रह जाती है। वह अपने पति की ऐसी हालत से दुखी होती है और अपने पति को धित्कारती है। अपने पति का मार्गदर्शन करते हुए वह उनको अपने जीवन को भगवान राम की भक्ति से बांधने और प्रभु श्री राम की शरण में जाने को कहती है। तुलसीदास की अंतरात्मा अपनी पत्नी की धित्कार से जागृत हो जाती है। उसे अपने जीवन का लक्ष्य मिल जाता है। वह उसी समय प्रभु राम का सुमिरन करते हुए वहां से वापस आ जाते हैं। तुलसीदास घर-घर में प्रभु राम का चरित्र पहुंचाने, उनके आदर्शों को पहुंचाने के उद्देश्य से रामचरितमानस की रचना करते हैं। राम चरित्र मानस एक महान काव्य है। इस काव्य ने तुलसी को गोस्वामी की उपाधि दे दी। ईश्वर की अनुकंपा से वह सद्गति को प्राप्त करते हुए हमेशा के लिए अमर हो गए। तुलसीदास की तरह महान कवि कालिदास की भी कुछ ऐसी ही कहानी है। वह पहले

महान मूर्ख थे। वह भी अपनी पत्नी की धित्कार से महान कवि, प्रचंड लेखक व बुद्धि के महान धनी बने।

बिना लक्ष्य के आदमी पशु समान है।

इन उदाहरणों से यह प्रकट है की दोनों महान विभूषण पहले अपने लक्ष्य को नहीं जानते थे तथा बाद में अपनी-अपनी पत्नियों के मार्गदर्शन से उन्हें उनका लक्ष्य मिलता है।

इनका लक्ष्य मिलने से पूर्व का जीवन

1. विशेष इज्जत का पात्र ना होना ।
2. समय को व्यर्थ में व्यतीत करना ।
3. पारिवारिक समस्याओं से ग्रसित रहना।
4. पत्नियों की धित्कार, बेज्जती को सहना।
5. समाज में उपेक्षा का पात्र होना।
6. अनेक प्रकार की आर्थिक कठिनाइयों का सामना करना।

लक्ष्य मिलने के बाद का जीवन

1. विशेष सम्मान का पात्र होना।
2. समय का सदुपयोग करना।
3. परिवारिक समस्याओं का कम हो जाना।
4. पत्नी का साथ मिलना।
5. आर्थिक स्थिति में सुधार होना।

" जीवन की त्रासदी यह नहीं है कि अपने लक्ष्य तक नहीं पहुंचे त्रासदी तो यह है की आपके पास पहुंचने को कोई लक्ष्य ही नहीं था।"

- बेंजामिन मेस

इन उदाहरणों में मैंने इनके द्वारा प्राप्त लक्ष्यों के माध्यम से बताया है कि इन्होंने कैसे अपने जीवन को सफल बनाया है। आपके जीवन में आपका कोई भी लक्ष्य हो सकता है। यहां पर आप के संदर्भ में बात धन की हो रही है क्योंकि आप गरीब हैं या अमीर होना चाहते हैं। आप अपने लक्ष्य को नहीं जानते, नहीं पहचानते। यह दोनों भी पहले कुछ नहीं जानते थे। तब इनको कोई नहीं जानता था। जब इन्होंने अपना लक्ष्य पाया तभी से सब इन को जानने लगे।

जिस दिन आपने अपनी सोच बड़ी कर ली साहब, बड़े बड़े लोग आपके बारे में सोचना शुरु कर देंगे।

आप बिना अपना लक्ष्य साधे कभी अमीर नहीं बन सकते इसलिए हमारा सबसे पहला व बड़ा कार्य है हमें यह जानना है कि हमारा लक्ष्य क्या है?, हमारा लक्ष्य क्या हो सकता है? वह सब जो हमारी पसंद हो जैसे खेलना, पढ़ाई करना, बिजनेस, रियल स्टेट , राजनीति, शेयर मार्केट, सिंगर, लेखक, म्यूजिशियन, एक्टर व डांसर इत्यादि में हमारा कोई भी लक्ष्य हो सकता है। वह जो आपको पसंद हो वह ही आपका लक्ष्य हो सकता है। लक्ष्य निर्धारित करते समय हमें निम्नलिखित महत्वपूर्ण बिंदुओं पर ध्यान देने की आवश्यकता होती है।

लोग उसको जानते हैं जिसे अपना लक्ष्य पता है ना कि उसको समाज जानता है जो लक्ष्य विहीन हो।

लक्ष्य निर्धारित करते समय निम्नलिखित बातों का ध्यान रखें:-

1. वह मार्ग चुने जो आपको पसंद हो ।

2. जिसे आप करने में थकान महसूस न करते हो।

3. जिसे करते समय आपको समय का पता ना चले।

4. जो काम आपको रोमांचित करता हों।

5. यकीन करें उस काम में आप सर्वश्रेष्ठ हैं।

6. अपने को उस काम में घुला हुआ माने ।

7. अपना लक्ष्य अपने लिए चुने ना कि दूसरों के लिए।

8. हर व्यक्ति बिरला है आप उसे अपनी ताकत बनाएं।

"लक्ष्य के बारे में सबसे जरूरी बात है कि वह होना चाहिए।"

- **जेफ्री एफ एबर्ट**

इत्यादि विभिन्न प्रकार के तथ्यों को ध्यान में रखते हुए हमें यह पता चल सकता है कि हमारा लक्ष्य क्या हो सकता है? हममें से अधिकांश लोगों को तो अपने लक्ष्य के बारे में आखिर तक पता नहीं चल पाता है और वह अपना संपूर्ण जीवन बिना लक्ष्य के ही काट देते हैं। इसके अनेकों कारण हैं। जिनमें से सबसे बड़ा कारण हमारा स्वयं का आकलन व समाज, परिवार का निष्क्रियकरण भी है अतः अगर हमें अपना लक्ष्य जानना है तो सबसे पहले हमें स्वयं का आकलन करना होगा। स्वयं का आकलन करना हमारे लिए अति आवश्यक है परंतु हममें से आकलन करने वालों की संख्या महज कुछ ही होगी। दुनिया पर मात्र 5 पर्सेंट ही लोग राज करते हैं बाकी अपने जीवन को जीते हैं। यह पांच पर्सेंट वह लोग हैं जो अपने का आकलन करते हैं, अपनी स्वयं की क्षमताओं को पहचानते हैं, जानते है, उसे बढ़ाते हैं और अपने लक्ष्य के प्रति हमेशा वफादार रहते हैं। भगवान राम का लक्ष्य धर्म की स्थापना करना, असुरों का अंत करना, संतो की रक्षा करना तथा आदर्श राज्य की स्थापना करना था। वैसे ही श्री कृष्ण का सत्य की विजय करना, धर्म का पक्ष लेना और धर्म की सत्ता को स्थापित करना रहा था।

दिन में कम से कम एक निश्चित समय निकालें, अपने से बात करें, दिनचर्या पर नजर डालें व अपने भविष्य के प्रति रणनीति निर्धारित करें।

हमें सबसे पहले, लक्ष्य को जानने से भी पहले अपने को जानना होता है। लक्ष्य एक माध्यम हो सकता है वह सब प्राप्ति का जो आप

चाहते हैं। लक्ष्य धारण कर जीवन पर्यन्त चलते रहना ही मनुष्य का कर्म है। जब अर्जुन अपने कर्तव्यों से विमुख होने लगे तो श्री कृष्ण ने अर्जुन को समझाते हुए कहा था, "पार्थ हमें कर्म करना चाहिए ना कि फल की चिंता।" तथा लक्ष्य को साधने के संदर्भ में कहा था "पार्थ, वीर पृथ्वी पर राज करते हैं तथा मृत्यु उपरांत स्वर्ग पर।"

इस पृथ्वी पर बिल गेट्स, डोनाल्ड ट्रंप, नरेंद्र मोदी, सचिन तेंदुलकर, योगी आदित्यनाथ, अरुणिमा सिन्हा, मलाला युसूफजई, सत्येंद्र जैन , रविंद्र नाथ टैगोर, सरदार पटेल, लाल बहादुर शास्त्री जी तथा धीरूभाई अंबानी इत्यादि लोगों ने अपना लक्ष्य प्राप्त किया है।

लक्ष्य वह माध्यम है जिससे व्यक्ति अपने जीवन में हर वह चीज़ प्राप्त कर सकता है जो वह चाहता है।

"यदि आप खुशनुमा जिंदगी जीना चाहते हैं तो इसे लोगों और दूसरी वस्तुओं से ना बांधे इसे एक लक्ष्य से बांध लें"

- **आइंस्टीन**

इन सभी लोगों ने अपने को जाना, अपना आकलन कर अपनी क्षमताओं, रुचि को बढ़ाया व अपने लक्ष्य को भेद समूचे विश्व में अपना यश किया है। हम सभी जो भी इस पृथ्वी पर आए हैं आप यकीन करें कि आप विरले हैं। आप सबसे अलग है , इतने कि दूसरा व्यक्ति आपकी जगह, आपका स्थान कभी भी नहीं ले सकता है। हर इंसान में कुछ ना कुछ खूबी है अतः आप अपना लक्ष्य आसानी से प्राप्त कर सकते हैं क्योंकि ईश्वर ने खुद कहा है कि मैं हर जगह हूं, निर्जीव में, सजीव में, हर वस्तु में हूं , मैं कण- कण में व्याप्त हूं। जो अपने पर विश्वास करते हैं, मैं उनके विश्वास को कभी भी नहीं हारने देता हूं। हम गरीब हैं क्योंकि हमें हमारा उद्देश्य ही नहीं पता होता। हम गरीब हैं क्योंकि हमारा लक्ष्य हमारे पास नहीं होता और ना ही हम अपना, अपनी क्षमताओं का आकलन करते हैं।

हमें अपने लक्ष्य को बनाना है। यह वह माध्यम होंगा जो हमारे जीवन को उद्देश्य देने में सक्षम होता हैं।

लक्ष्य न जानने वाले क्या करते हैं?

1. अपने समय की कीमत नहीं जानते ।
2. अपनी कीमत नहीं जानते।
3. आलसी होते हैं ।
4. वह दूरदर्शी नहीं होते ।
5. शारीरिक मेहनत करते हैं जबकि बुद्धि पर जोर नहीं देते।
6. अवसरों को नजरअंदाज करते रहते हैं।
7. अपने दुर्भाग्य का रोना रोते रहते हैं।
8. भाग्य, किस्मत पर यकीन करते हैं जबकि कर्म को प्रधानता नहीं देते।
9. अपने को आधुनिक नहीं कर पाते ।
10. समय के अनुसार नहीं बदलते।
11. ऊंची सोच नहीं रखते ।
12. अपनी स्थिति से संतुष्ट हो जाते हैं ।
13. आडंबर में विश्वास रखते हैं ।
14. अपना आकलन ही नहीं करते ।
15. अपने में हीन भाव रखते हैं ।
16. वह क्या कर रहे हैं नहीं जानते ?
17. ईश्वर में कम आस्था रखते हैं ।

इत्यादि वह सब लोग करते हैं जो लक्ष्य नहीं रखते अतः अपने जीवन को उद्देश्य देने के लिए प्रत्येक व्यक्ति के पास एक खुद का लक्ष्य होना अति महत्वपूर्ण है ।

सारांश

अधिकांश लोग लक्ष्य के बिना ही जीवन यापन करते हैं और यूं ही मृत्यु प्राप्त कर जाते हैं तुलसीदास व कालिदास जैसे महान विभूषण जो अपने नाम को आज अमर रखते हैं पहले लक्ष्य विहीन थे। वे बाद में लक्ष्य साधते हैं। जब वह लक्ष्य विहीन थे उनका तब का जीवन और लक्ष्य साधने के बाद के जीवन में जमीन आसमान का फर्क आ जाता है। अतः संसार लक्ष्य साधने वालों का प्रशंसक व उपासक है। दुख की बात यह है कि दुनिया में अधिकांश लोग बिना लक्ष्य के ही जी रहे हैं। आप अपने जीवन का लक्ष्य निर्धारित करें तथा बिना लक्ष्य के समय दुरुपयोग करने से बचें।

प्रश्न

1. आपके जीवन का क्या लक्ष्य है?
2. कौन सी चीज आपको बिरला बनाती है?

हमें करना चाहिए

1. अपनी खूबी को खोज निकाले जिसमें आप विरले हो।
2. वह काम करें जो आपको सबसे ज्यादा पसंद हो ।
3. लक्ष्य अपने लिए निर्धारित करें ना कि दूसरों के लिए।
4. लक्ष्य को समय से बांध ले।

2. लक्ष्य की प्राप्ति का मार्ग न पता होना

हममें से कई जो लक्ष्य निर्धारित कर लेते हैं परंतु उनको लक्ष्य को प्राप्त कैसे करें यह मालूम नहीं होता है। लक्ष्य जानना या अपने जीवन को लक्ष्य प्रदान करना ही काफी नहीं है। लक्ष्य जब तक पूरा ना हो तो कैसे शांति मिल सकती है? लक्ष्य प्राप्त न होने का सबसे बड़ा कारण है कि हमें पता ही नहीं होता है कि अपने लक्ष्य को कैसे भेदना है या उसे प्राप्त करने का क्या रास्ता है? लक्ष्य को प्राप्त करना है तो हमें सबसे पहले अपने लक्ष्य का मनन करना है। उसमें आने वाली समस्याओं को जानना है। उसमें क्या-क्या विघ्न पड़ सकते हैं? उसकी जानकारी प्राप्त करनी है तथा एक रणनीति तैयार करनी है जिससे हम अपने लक्ष्य को आसानी से प्राप्त कर सके।

लक्ष्य निर्धारित कर उसकी प्राप्ति का मार्ग प्रशस्त करें। उसमें आने वाली समस्याओं का पूर्वानुमान लगाएं, एक कारगर रणनीति का चयन करें और लगन के साथ उस मार्ग पर एकमुश्त होकर बिना किसी संशय के चलते रहें। निश्चित ही एक दिन आप अपने लक्ष्य के पास होंगे।

आपने देखा होगा कई लोग ऐसे होते हैं जो अनिश्चिताओं के साथ जीते हैं वह बिल्कुल अनिश्चित व्यक्ति बन जाते हैं। वह अपने कर्म, अपने लक्ष्य के प्रति अनिश्चित रहते हैं तथा एक साथ ही कई लक्ष्य निर्धारित कर लेते हैं। परंतु सफलता उन्हें किसी भी तरफ से नहीं मिलती। इसका जीता जागता उदाहरण मेरे मित्र विकास सिंह का है। मैं और रवि दुबे मैथ से इंटर कर रहे थे। हम दोनों मैथ की कोचिंग युवन में पढ़ते थे। विकास भी युवन में हमारे साथ ही मैथ की कोचिंग पड़ता था। इस समय मेरे पास प्रमुख लक्ष्य सेना में भर्ती

होना ही था इसलिए मैं अभिमन्यु ग्राउंड में रेस की तैयारी के लिए जाता था वहीं पर विकास और रवि दुबे भी आते थे। एक दिन दुबे ने मुझसे कहा कि विकास ने बताया है कि वह मैथ का छात्र न होकर बायो का छात्र है। वह तो बस मैथ की क्लास यूं ही हमारे साथ ले रहा था। यह सुनकर मैं हैरान रह गया जैसा कि रवि दुबे भी था। मैं और रवि दुबे दोनों ही निशब्द रहे। कुछ देर बाद मुझे मेरे फूफा के भाई के बारे में ध्यान आया जो मीठा मीठा बोल कर किसी से भी अपना काम निकलवा लेते थे। यह उनकी महान कला थी जिसका मैं भी प्रत्यक्षदर्शी रह चुका था। मैंने दुबे को विकास से सावधान रहने की बात कही तथा अपने फूफा जी के भाई का उदाहरण भी बताया। आज इस घटना को लगभग 15 साल हो चुके हैं और मुझे वह घटना आज भी उतनी ही रोचक लगती है जितनी कि उस दिन लगी थी। मेरे विचारों में लेकिन थोड़ी सी तब्दीली भी आई है। आज मैं विकास को अपने लक्ष्य के प्रति सजग ना होना पाता हूं। उस दिन में यह बात नहीं समझता था। उसका भी उस समय एक लक्ष्य था। वह लक्ष्य सेना कि मेडिकल कोर में भर्ती होना था इसलिए वह बायो से पढ़ रहा था परंतु उसमें अवश्य ही अपने लक्ष्य के प्रति विचलन था इसलिए वह दूसरे ऑप्शन के रूप में मैथ भी पढ़ रहा था।

एक समय एक ही लक्ष्य रखें, उसे प्राप्त करें तदुपरांत ही दूसरा लक्ष्य रखे।

वह कुछ दिन बाद ही मेडिकल कोर में भर्ती हो गया और आज तक हम कभी नहीं मिले। यह केवल एक विकास की कहानी नहीं है। यह हमारी सोच है जो सुदृढ़ नहीं हो पाती। मैं ना जाने कितने ही सिविल तैयारी करने वालों से मिला हूं जो पहले कोई छोटी से छोटी सरकारी नौकरी मिलने की तैयारी करते हैं फिर बाद में दूसरा ऑप्शन सिविल तैयारी को बनाते हैं। यही उनकी सबसे बड़ी भूल सिद्ध होती है। वह अपने लक्ष्य से दूर होते जाते है। फिर एक दिन वह अपने लक्ष्य को भूल जाते हैं और अपने जीवन से संतुष्ट हो जाते हैं। वह कभी सिविल परीक्षा क्लियर नहीं कर पाते। आपकों जो

पहले हासिल करना है उसे आप सबसे पहले करें। यही आपके लिए महत्वपूर्ण है इस सत्य को समझें अपने लक्ष्य को ऑप्शन ना दें। उसे हमेशा पहले रखे ना कि दूसरे या तीसरे पायदान पर। प्रभु राम के लिए पहला लक्ष्य पिता के वचनों की रक्षा करना, फिर मां सीता के गुम होने का पता लगाना, लक्ष्मण के मूर्छित होने पर उनके प्राणों की रक्षा करना इत्यादि उदाहरणों में प्रभु ने अपने लक्ष्यों को प्राप्त किया लेकिन जो पहले महत्वपूर्ण था उसे पहल दी। फिर हमारे लिए महत्वपूर्ण क्या है? सिविल परीक्षा या गुजारा करने लायक नौकरी की तलाश करना। जो लोग गुजारा करने के लिए नौकरी तलाशते हैं वह फिर अपने प्रमुख लक्ष्य से भटकने की तरफ आकर्षित हो जाते हैं इसलिए हमें एक समय एक लक्ष्य ही रखना चाहिए। आपने देखा होगा की घोड़े की आंखों में पट्टी लगी रहती है जिससे घोड़े को केवल सामने ही दिखाई दे। हमें अगर अपने लक्ष्य को भेदना है तो हमें भी अपने ऊपर इस साइड पट्टी का इस्तेमाल करना होगा। अपने वानप्रस्थ खत्म होने के उपरांत अर्जुन अत्यधिक क्रोधित हुए और युद्ध की बातों को उजागर करने लगे तब प्रभु ने उन्हें संभावना देते हुए कहा था , "युद्ध किसी के भी हित में नहीं हो सकता है। युद्ध तो अपने तथ्यों, लक्ष्यों की प्राप्ति का अंतिम प्रावधान होता है। युद्ध भूमि में जब अर्जुन पितामह पर शस्त्र नहीं उठा पा रहे थे तब प्रभु ने उन्हें पुनः अपने लक्ष्य की प्राप्ति के लिए सचेत किया था, "यह युद्ध तुम्हारा नहीं है, पार्थ । यह युद्ध तो सत्य और असत्य, धर्म और अधर्म का है जिसमें तुम धर्म का पक्ष ले रहे हो तो दुर्योधन अधर्म की तरफ खड़ा है।" इन्हीं तथ्यों से अर्जुन अपना कर्म करते हुए लक्ष्य से पुनः जुड़ जाते हैं और धर्म की रक्षा करते हैं। हम सभी अपना लक्ष्य प्राप्त कर सकते हैं। उसके लिए हमें कुछ तैयारी करनी पड़ेगी। आइए हम देखते हैं कि हमें क्यों पता नहीं होता कि हमें अपना लक्ष्य कैसे प्राप्त करना है ?

लक्ष्य तक ना पहुंचने के महत्वपूर्ण कारक:-

1. हमें पता ही नहीं होता है कि हम क्या कर रहे हैं?

2. लक्ष्य को प्राप्त करने की कोई ठोस तैयारी नहीं करते।

3. लक्ष्य के लिए कारगर रणनीति का गठन न करना।

4. लक्ष्य पर अध्ययन न करना उसकी जटिलताओं को नजरअंदाज करना ।

5. समय के रुख को ना भापना।

6. अपने को अपडेट ना करना ।

7. लक्ष्य के प्रति अपने को समर्पित ना करना।

8. अपने लक्ष्य में सफलता हासिल कर चुके व्यक्ति से सलाह मशवरा न करना।

9. पारिवारिक, सामाजिक सहयोग का ना होना।

10. शून्य से शुरुआत ना करना ।

11. अच्छी संगत का ना होना ।

12. ईश्वर के प्रति उदासीन होना।

13. दूरदृश्यता में कमी होना।

14. अवसर को ना पहचानना।

15. प्रकृति के नियम से अनभिज्ञता ।

16. लक्ष्य की प्राप्ति के पूरको का ज्ञान ना होना।

इत्यादि कारणों से हम अपने लक्ष्य को प्राप्त करने का मार्ग निर्धारित नहीं कर पाते। हुमायूं को हराने के बाद शेरशाह सूरी दिल्ली की सल्तनत का सुल्तान घोषित हो जाता है। वह 1540 ईसवी से 1545 ईसवी तक मात्र 5 वर्षों तक ही दिल्ली सल्तनत का सुल्तान रह पाया। क्या वह अपने लक्ष्य को पूर्ण रूप से प्राप्त कर पाया था? मेरे विचार से वह पूर्ण रुप से सफलता नहीं प्राप्त कर पाया क्योंकि सफलता प्राप्त करना ही बड़ी बात नहीं है बड़ी बात है उसे कायम रखने की, स्थिर रखने की और सबसे बड़ी उसे भुनाने की जो शेरशाह सूरी नहीं कर पाया। अंत में एक युद्ध में तोप के बारुद से उसकी जान चली जाती है। हमें समझना होगा कि

समय कभी भी किसी का इंतजार नहीं करता, हमें ही इसको पकड़ना पड़ता है। हमें इसके अनुसार अपटूडेट रहना पड़ता है। अवसरों व समय की आवश्यकता को समझना होगा जिससे हम सहजता से अपने लक्ष्य को प्राप्त कर सकें। मैं यहां पर 1857 की उस महान क्रांति के बारे में बताना चाहता हूं जिसने पूरे भारत को पहली बार इकट्ठा किया लेकिन सशक्त क्रांति के उपरांत भी यह सफल नहीं हो सकी और कुछ लोगों ने ही अपनी इच्छा शक्ति के बूते उस महान क्रांति को विफल कर दिया। इस क्रांति के बाद भारत को आजादी प्राप्त करने में लगभग 90 साल लग गए। हमारे देश में प्रथम क्रांति सफल क्यों नहीं हुई? हमें इसके महत्वपूर्ण बिंदुओं पर नजर डालनी चाहिए।

1. यह सशक्त क्रांति होते हुए भी पूर्ण रूप से संगठित नहीं हो सकीं।
2. नेतृत्व की कमी
3. अपनी अपनी डफली अपना अपना राग अलापना
4. क्रांति का भेद उजागर होना।
5. सुनियोजित रणनीति का ना बनना ।
6. हमारे पास अंग्रेजों के अनुसार अस्त्र-शस्त्र ना होना।
7. अपना आकलन ना करना।
8. अंग्रेजों का संगठित होना।
9. हमारी सेनाओ का अनुशासन में न रहना।
10. हमारे द्वारा तकनीकी की उपेक्षा करना।
11. समय को ना भाप पाना।
12. समय अनुसार युद्ध नीति का ना होना।
13. देश का विभिन्न गुटों में बांटा होना।
14. कुछ लोगों का विरोधियों का साथ देना।
15. हमारा लक्ष्य निर्धारित ना होना।

इत्यादि प्रमुख कारणों से हमारी हार और अंग्रेजों ने उस क्रांति को सरलता से दबा दिया। यहां पर मैं 1857 की क्रांति के असफल

होने के उदाहरण से आपका लक्ष्य किन किन कारणों से विफल हो सकता है बताना चाहता हूं । यहां पर सबसे पहले हम क्या करना चाह रहे हैं?, हमारा लक्ष्य क्या है ? उसकी बाधाएं क्या हो सकती हैं? उसे कैसे प्राप्त किया जा सकता है?, उसके लिए कौन सा मार्ग अच्छा हो सकता है?, उसके लिए कौन-कौन सी तैयारी आवश्यक है?, कौन से कोर्स करना लाभकारी हो सकता है? किस प्रकार की पुस्तकें, मीडिया इत्यादि सहायक हो सकते हैं? जैसे महत्वपूर्ण प्रश्न पूछने हैं जिससे हमें अपने आप ज्यादा से ज्यादा प्रश्नों के उत्तर मिल जाएंगे और हमें क्या करना है? कैसे करना है? का रास्ता भी मिल जाएगा ।

सच कुछ व्यक्ति, किताबें, वाक्य या स्थिति हमें सचेत ही नहीं करते बल्कि हमें लक्ष्य भी देते हैं।

मैं यहां पर एक उदाहरण देना चाहता हूं जिससे आपको कुछ आईडिया लग जाएगा कि लक्ष्य का मार्ग कैसे चयन करें। अमेरिका में एक युवती हुई जिसने शादी की। शादी के बाद एक लड़की हुई। उसकी शादी ज्यादा सफल ना रह सकी और जल्दी ही उसका अपने पति से संबंध विच्छेद हो गया । पति से तलाक होने के बाद वह लेखन की तरफ आकर्षित होती है। ऐसा नहीं था कि वह पहले कभी लेखन नहीं करती थी उसकी तो बचपन से ही लेखन कार्य में दिलचस्पी थी। बस उसे अपनी मंजिल नहीं पता था या मंजिल को पाने का रास्ता नहीं पता था। छोटी सी उम्र में ही मां बिछड़ने का दुख फिर पति के अत्याचार, उससे संबंध विच्छेद और एक बच्ची की जिम्मेदारी। सब प्रकार के दुखों को ही उसने अपने खुश रहने की प्रेरणा में बदला। अपनी खुशी को बढ़ाया, अपना आकलन किया और बस अर्जुन की तरह आंख को देखा ना की मछली को। अगर यह युवती अपने दुखों पर विजय प्राप्त ना करती तो उसका डर बढ़ता जाता । तब भविष्य उसको और भी अंधकारमय लगता और यह डर कब का उसको निगल गया होता परंतु उन्होंने अपने डर को साहस में बदला। वह लगातार लेखन करती गई। आखिर में उन्होंने इस दुनिया को हैरी पॉटर के नाम की अत्यधिक रोमांचित

नोवल प्रस्तुत की। यह पुस्तक विश्व में कई रिकॉर्ड अपने नाम रखती है। यह विश्व की दूसरे नंबर पर कमाई करने वाली पुस्तक है। इस पुस्तक पर कई फिल्में भी बन चुकी हैं जिनके नाम भी कई रिकॉर्ड हैं। हम इस लेखिका को जे के रॉलिंग के नाम से जानते हैं, जो पहली अरबपति लेखिका बनी। शुरुआत में इन्हें भी अपनी बुक प्रकाशित करने में काफी मुश्किलों का सामना करना पड़ा पर वह कई जगहों से निराश होने के बाद भी रुकी नहीं। उन्होंने कभी हार नहीं मानी। वह हतास नहीं हुई और चलती रही, तब तक जब तक वह अपने लक्ष्य तक ना पहुंच गईं। अपने लक्ष्य तक पहुंचने के लिए उन्हें कई त्याग भी करने पड़े। जिनमें सबसे बड़ा त्याग था अपनी पहचान को छुपाने के उद्देश्य से अपने नाम के आगे जे के लगाने का। इससे पुरुष प्रधान अमेरिका उस पुस्तक की लेखिका को लेखक समझे और पुस्तक की बिक्री पर कोई भी बुरा प्रभाव ना पड़े। रॉलिंग का त्याग और प्रकाशक की दूरदर्शिता काम आयी। जेंडर की वजह से पुस्तक की बिक्री में कोई फर्क नहीं पड़ा। रॉलिंग ने अपनी पहचान का ही त्याग किया था और आज वह एक विश्वविख्यात लेखिका है। वह संपत्ति के मामले में इंग्लैंड की महारानी से भी अधिक शक्तिशाली हैं। रॉलिंग के जीवन से आपको पता लग गया होगा कि आपको अपने लक्ष्य को प्राप्त करने का मार्ग कैसे चुनना है।

किसी भी लक्ष्य की प्राप्ति का समय निर्धारित करें।

आप अपने लक्ष्य को समय से बाधित करें जिससे आपको अपना लक्ष्य समय से प्राप्त हो सकेगा और जिस पर आप अपनी पूरी ताकत लगा सकेंगे जिसका परिणाम भी आपके अनुसार अनुकूल रहेगा। बढ़ना है तो चलना पड़ेगा । इसी तरह लक्ष्य भी हासिल करना है तो तय किए गए मार्ग पर चलना होगा। अधिकांश लोग सपने ही नहीं देखते या उनका कोई भी सपना नहीं होता। सच कहूं तो सपने ही वह पूर्व अनुमानित अनुभूति प्रदान करते हैं । हमारी महत्वकांछा को जागृत करते हैं और एक लक्ष्य की रूपरेखा बनाने में भी अहम किरदार जमाते हैं। सपने वह है जो आप को लक्षित

करते हैं। जैसे – सचिन तेंदुलकर का महान खिलाड़ी बनने का रहा होगा, लता मंगेशकर का महान गायिका बनने का रहा होगा और मोदी का विश्व स्तर का नेता बनने का रहा होगा। यह वह सपने हैं जो लक्ष्य के पूरित होने का पूर्व अनुमान देते हैं तथा लक्ष्य के पूरा होने के बाद के फल का पूर्वाभास देखकर आनंदित करते हैं । इन सपनों को साकार रूप प्रदान करने के लिए ध्यान केंद्रित कर एकाग्र मन से जागृत रूप से स्वप्न देखना है। यहां पर मैं स्वप्न और मन के संबंध की भी बात करना चाहूंगा। स्वप्न पानी है तो मन बर्तन का रूप है अर्थात स्वपन मन के बर्तन को विचार प्रदान करने का काम करता है। हमारा क्या स्वप्न है वैसा ही हमारा मन हमको विचार प्रदान करता रहता है इसलिए हमें सिर्फ अपने लक्ष्य के संदर्भ में सपने देखने होंगे जो हमारे मन को लक्ष्य के प्रति विचारों को धारा प्रभावित कर सके और हमारा ध्यान अपने लक्ष्य के प्रति एकाग्र रहे ।

एक व्यक्ति के मन में एक दिन में लगभग 50000 से 60000 विचार आते हैं। हमें इन विचारों को अपने लक्ष्य रूपी खूँटे से बांधना पड़ेगा जिससे इनमें से अधिकांश विचार हमारे लक्ष्य से संबंधित हो सके।

एक मोटिवेशनल स्पीकर के सेमिनार से एक छात्र बाहर निकलता है जहां उसे सिविल परीक्षा के संदर्भ में उत्साहित किया गया था तथा उसे उसके फायदों के बारे में बताया गया था । बाहर आते ही उसे उसकी गर्लफ्रेंड मिल जाती है। उसे देख वह भी उसकी तरफ आकर्षित होता है। गर्लफ्रेंड के अनुरोध करने पर कि वह दोनों किसी नई रिलीज मूवी को देखने चलते हैं और साइड कोर्नर की सीट ले लेंगे जैसे आकर्षक सुझाव को वह मना नहीं कर पाता है और वह फिल्म देखने चला जाता है। उसी दिन वह अपने बेशकीमती समय के कई घंटे उस फालतू के कामों में गंवा बैठता है। अब देखने वाली बात यह है कि वह लड़का जब तक सेमिनार में रहा तब तक उसका लक्ष्य सिविल परीक्षा को सफल करना रहा परंतु बाहर आते ही वह अपने लक्ष्य से भटक जाता है और वह

आकर्षण में फस जाता है। हमें इन सब वस्तुओं से बचना है जो हमारे लक्ष्य प्राप्ति में बाधा उत्पन्न करती हैं। सच कहूं तो हर एक व्यक्ति सफल बनना चाहेगा पर क्या सब बन सकते हैं? शायद यहां पर उसके लिए कुछ आवश्यक शर्ते हैं जिन्हें स्वीकार करना पड़ेगा और उन शर्तों पर खरा उतरने वाला व्यक्ति ही अपने लक्ष्य को प्राप्त कर सकता है। हमारी सोच इच्छा को जन्म देती है। इच्छा एक अच्छी चीज है और अच्छी इच्छा होना बहुत अच्छी चीज है पर उस इच्छा को मूर्त रूप देना ही हमारा लक्ष्य होता है। किसी भी इच्छा को समय से बांधना ही वह इच्छा लक्ष्य में बदल जाती है। जैसे – सचिन ने सोचा होगा कि मैं 16 साल में क्रिकेटर बनूंगा। यह उनका लक्ष्य था। अपनी इच्छाओं को पूरा करने के लिए या अपने लक्ष्य को साधने के लिए हमें कुछ जरूरी बातों पर ध्यान देना होगा। जैसे

1. लक्ष्य को दिशा दें।
2. लक्ष्य के प्रति वफादार रहें।
3. एक समय में एक ही लक्ष्य रखें।

इसे यूं समझ सकते हैं कि अगर हमें एक बेहतरीन हॉर्स राइडर बनना है तो हमें उस तरफ ध्यान देना होगा। हमें उसी दिशा में कार्य करना पड़ेगा अर्थात बिना दिशा के कार्य अपनी उपयोगिता नहीं रखता। अपनी निष्ठा से अपने लक्ष्य के प्रति लगे रहे। प्रयास करते रहें और उसे मूर्त रूप देने के लिए लगन के साथ लगे रहे। इस मार्ग पर हमें हमारी अन्य चाहतों का त्याग करना पड़ेगा जिसे हमें सहर्ष स्वीकार करना होगा और अंतिम तथ्य है हमें अपनी प्रबल इच्छा को प्राप्त करने के लिए अपने को समर्पित करना होगा। उसे ही अधिक से अधिक समय देना होगा तथा अन्य चीजों की उपेक्षा करनी होगी । जैसे- यदि एक लड़की लेखिका बनना चाहती है तो उसे अपने लेख के बारे में ही सोचना होगा ना कि अपना समय दूसरे कामों में व्यर्थ करने में। यदि रॉलिंग ने अपना समय व्यर्थ किया होता तो वह आज इतनी बड़ी लेखिका कैसे बन पाती?

समय से अपनी इच्छा को पूरा करना ही लक्ष्य कहलाता है।

लक्ष्य को साधने वाले के गुण :-

1. महत्वाकांक्षा
2. निष्ठा
3. लगन
4. लक्ष्य के प्रति समर्पण
5. समय की इज्जत
6. दूरदर्शिता
7. बाधाओं को जानने व उनका निवारण करना
8. चुनौतियों को स्वीकार करना
9. परिश्रम
10. अवसरवादी
11. आशावादी

इत्यादि यह कुछ महत्वपूर्ण गुण हैं जो किसी भी लक्ष्य को भेदने वाले में देखने को मिल जाते हैं। इससे हमें ज्ञात होता है कि हमको हमारा लक्ष्य कैसे भेदना है? उसका मार्ग कैसे प्रशस्त करना है?

आपको सफलता के लिए सबसे पहले इन चार वाक्यों को छोड़ना होगा।

1. लोग क्या कहेंगे?
2. मुझसे नहीं होगा।
3. अभी मेरा मूड नहीं है।
4. मेरी तो किस्मत ही खराब है।

इन वाक्यों को अपने जीवन से हटाने पर आप देखेंगे कि आपके जीवन में कितना अच्छा परिणाम मिलता है। हम तब कुछ नहीं कर पाते जब हम अपने को हीन भावना से ग्रसित रखते हैं इसलिए आप अपने में विश्वास करते हुए आगे बढ़े और अपने को सबसे अच्छा समझे। आप समझे कि आप वह सब कर सकते हैं जो कोई दूसरा कर सकता है। इसके साथ-साथ आप रोज सुबह उठ अपने आप

से पांच बातें बोले जिससे आपका आत्मविश्वास बढ़ जाएगा और आप वह सब कुछ सहजता से कर पाएंगे जो आप करना चाहते हैं।

1. मैं व्यस्त हूं ।
2. मैं कर सकता हूं ।
3. ईश्वर मेरे साथ है ।
4. मैं बेस्ट हूं ।
5. आज मेरा दिन है ।

"भविष्य उनका बनता है जो अपने सपनों की सुंदरता पर विश्वास करते हैं।"

- ए ली एनआर रुजवेल्ट

एक बार जोधपुर के महाराजा व राठौड़ राजवंश के संस्थापक राव जोधा एक बूढ़ी औरत के यहां विश्राम करने के उद्देश्य से रुके। औरत उनसे अपरिचित थी । उसने उनके लिए कुछ खाने को दिया । खाना खाने के उद्देश्य से वह कुछ उतावले से दिखे और वह गर्म ही खाना खाने लगे। जिससे उनका मुंह जल गया। जिस पर उस औरत ने उन्हें राव जोधा की बेवकूफी का उदाहरण दिया और उनके बार-बार आक्रमण करने की बजाय एक बार शक्तिशाली आक्रमण करने की सलाह देते हुए उन्हें तसल्ली से खाना खाने को कहा इस बात को सुनकर राव जोधा को अपनी गलती का एहसास हो जाता है। वह उसके बाद अपनी सेना को अच्छी तरह मजबूत करने के बाद ही जोधपुर पर आक्रमण करते हैं । इस बार वह विजय पाने में सफल होते हैं । हमें भी अपनी पूरी शक्ति से अपने लक्ष्य को पाने का योजनाबद्ध तरीके से प्रयास करना चाहिए जिससे हार की संभावना नाम मात्र की भी ना रहे और हम शत प्रतिशत अपने लक्ष्य को पाने में सफल हो सकें ।

सारांश

हममें से जो लोग लक्ष्य रखते हैं उनमें से कई लोगों को अपने लक्ष्य को भेदने का मार्ग नहीं पता रहता। अधिकांश लोग नहीं जानते हैं कि वह क्या कर रहे हैं? और किसके लिए कर रहे हैं ? वह अनिश्चित व्यक्ति बन जाते हैं। मेरे साथ एक विकास भी अनिश्चिताओ से घिरा हुआ लड़का था। ऐसे व्यक्तियों के पास एक ही समय में एक से अधिक लक्ष्य होते हैं। हमें इन अनिश्चिताओं से बचते हुए एक समय में एक लक्ष्य रखना होगा। हमें हमारे मार्ग में आ रही बाधाओं को समझ कर आगे बढ़ना होगा। 1857 जैसी महान क्रांति इन्हीं अनिश्चिताओं के चलते सफल ना हो सकी। बाधाएं आती हैं पर उन पर विजय प्राप्त करना होगा जैसे अमेरिका की जेके रॉलिंग ने प्राप्त की। आज वह पहली अरबपति लेखिका है हमें अपने सफलता के सपने देखने चाहिए जो हम नहीं करते जैसे सभी सफल व्यापारी, नेता, खिलाड़ी, अभिनेता आदि लोग करते हैं। हम मोटिवेशन के समय अपने लक्ष्य को अनुभव करते हैं पर हमारी सांसारिक कमजोरियों के चलते हम उसके पास अधिक समय नहीं रह पाते और दूर होते जाते हैं इसलिए लक्ष्य की प्राप्ति का मार्ग इन तीन सूत्रों पर प्रशस्त करें।

1. लक्ष्य को दिशा दे।
2. लक्ष्य के प्रति वफादार रहें ।
3. एक समय में एक ही लक्ष्य रखें ।

अगर आप क्रिकेटर बनना चाहते हैं तो अपने खेल पर और यदि आप एक लेखक बनना चाहते हैं तो अपने लेख पर ध्यान दें । आपको लक्ष्य को साधने वाले गुण भी अपने में विकसित करने होंगे। अपनी सहनशक्ति बढ़ाएं और अपना लक्ष्य भेदे। एक सफल योजनाबद्ध तरीके से अपना लक्ष्य प्राप्त करें।

प्रश्न

1. क्या आपको अपने लक्ष्य को प्राप्त करने का मार्ग पता है?

2. अगर आपको अपने लक्ष्य को प्राप्त करने का मार्ग नहीं पता था तो इस अध्याय को पढ़ने के बाद क्या आपको अपने लक्ष्य की प्राप्ति का मार्ग पता चला?

हमें करना चाहिए

1. हमें एक योजनाबद्ध रणनीति के तहत अपने लक्ष्य को भेदने की तैयारी करनी चाहिए।

2. लक्ष्य के रास्ते में उत्पन्न बाधाओं को दूर करना तथा लक्ष्य की प्राप्ति में सहायक गुणों को अपने में विकसित करना चाहिए।

3. लक्ष्य को क्यों भेदना है? का ज्ञान न होना

"हम सभी यहां किसी विशेष कारण से हैं। अपने अतीत का कैदी बनना छोड़िए , अपने भविष्य के निर्माता बने ।"

- रविंद्र शर्मा

शाम होने को थी मैं और दुबे अभिमन्यु ग्राउंड पर यूं ही वर्कआउट करके बैठे थे । हम दोनों काफी थक चुके थे फिर भी काफी दिनों बाद मिलने से हम दोनों ही काफी अच्छा महसूस कर रहे थे। दोनों एक दूसरे की फीलिंग्स महसूस कर सकते थे। बातों ही बातों में पीयूष की बात चल गई। पीयूष हमारे साथ ही कुछ दिन ग्राउंड पर वर्कआउट करता था । हम उससे वहीं पर पहली बार मिले थे। हमारी पीयूष से ग्राउंड पर ही मित्रता हुई थी । पीयूष एक बहुत अच्छा लड़का था पर उसे अपने पैतृक संपत्ति और जमीन पर हमेशा ही फर्क रहता था जो उसकी बातों से झलकता रहता था । रवि दुबे जिसे मैं हमेशा ही दुबे कहता आया हूं उसके प्रति शायद दुबे कह कर मुझे ज्यादा अपनेपन का एहसास होता है । दुबे मेरी तरफ देखते हुए , "अतुल तुझे याद है वह पीयूष के बारे में" अचानक तो मुझे पीयूष के बारे में कुछ भी ध्यान नहीं आया। फिर थोड़ा जोर देने पर कुछ-कुछ, फिर लगभग पूरी तस्वीर ही सामने आ गई। एक मोटा सा भारी भरकम शरीर जो ऊपर से नीचे तक पूरा का पूरा आटे का बोरा लगता था। बिल्कुल बिगसो पहलवान की तरह। पीयूष एक मिलनसार व उसके साथ ही अवसरवादी भी था। तस्वीर साफ होते ही मैंने उससे आगे बोलने को कहा। दुबे, "उसने कस्बे में गैस एजेंसी खोली है" यह सुन मैं आश्चर्य से भर गया और बोला, " लेकिन वह तो हमारे साथ वर्कआउट करता था और

हमारी तरह ही सेना या फोर्स ज्वाइन करना चाहता था।" इस पर दुबे ने कुछ खास प्रतिक्रिया व्यक्त नहीं की। मैं भी कुछ नहीं बोला पर हम दोनों को इसका जवाब पता था। पीयूष जब अभिमन्यु ग्राउंड आता था तब भी वह वर्कआउट पर ज्यादा टाइम ना देकर गपशप में ज्यादा ध्यान देता था। उसे उसी समय से पता था कि वह पुलिस में या किसी भी फोर्स में नहीं जाएगा बल्कि यही पर कोई व्यापार करेगा। आज कई सालों बाद वह पता चला जो हमें पहले से ही पूर्व अनुमान था । फिर प्रश्न है कि वह यह सब दिखावा क्यों कर रहा था? मेरे बहुत मनन करने पर मुझे इसका उत्तर मिला जो हो सकता है सही हो जिसमें सबसे पहला पीयूष विकास सिंह का दोस्त था और दोनों ही पड़ोसी थे। पीयूष विकास के साथ फिजिकल की तैयारी कर रहा था और उसी के साथ ग्राउंड आया था हो सकता है कि पीयूष केवल विकास का साथ देने के उद्देश्य से ही ग्राउंड आता हो। शुरुआत में वह फोर्स ज्वाइन करना आसान समझ रहा हो जिससे उसने कुछ दिनों के लिए इसे अपना लक्ष्य बना लिया होगा। अधिकांश लोगों को अपने लक्ष्य के बारे मे पता नहीं रहता और जिन को पता होता है उनको उसे प्राप्त करने का रास्ता नहीं मालूम होता और जिन्हें रास्ता मिल जाता है वह रास्तों की तकलीफों से डर जाते हैं। पीयूष इनमें से किस पायदान पर था यह कहना मुश्किल है पर उसके बारे में मैं इतना जरूर कहूंगा कि उसे यह नहीं मालूम था कि वह फोर्स ज्वाइन करना क्यों चाहता था?

हमें हमारा सच पता होता है और यकीनन वह दूसरों को भी पता होता है।

अगर उसे पता होता तो वह आज वर्दी में होता, एक सम्मान का पात्र, सामान्य लोग उसे इज्जत देते। अधिकांश लोगों के साथ यही है वह कहते मिल जाएंगे की वह यह करना चाहते हैं। जैसे- फिल्म स्टार, कलाकार , लेखक, सिंगर, सैन्य अधिकारी , सिविल अधिकारी , राजनेता, व्यापारी इत्यादि बनना चाहते हैं पर क्यों बनना चाहते हैं? इसका जवाब नहीं रखते। हमारे पास इसका

जवाब आ जाए तो आप मान लें कि हमारा लक्ष्य और भी आसान बन जाएगा। उसमें रोमांच व उत्साह भर जाएगा तथा उसे प्राप्त करने के लिए आकर्षक ताकत मिल जाएगी। एक बार मोहनदास करमचंद गांधी जी को अंग्रेजों ने अपमानित करके ट्रेन से नीचे फेंक दिया। जिसके बाद गांधी जी की आंख खुली और उन्हें स्वतंत्रता का महत्व प्राप्त हुआ। उन्होंने तभी से देश को स्वतंत्र कराने का लक्ष्य ले लिया और अंततः देश की स्वतंत्रता में अपना अहम योगदान निभाया। अब मैं आपसे पूछूं कि गांधीजी ने स्वतंत्रता का लक्ष्य क्यों रखा? तो उत्तर मिल जाएगा की अंग्रेजों ने उनका अपमान किया इसलिए उन्होंने अंग्रेजों को देश से निकालने का लक्ष्य लिया। जो उन्होंने सहा था उसे किसी और को ना सहन करना पड़े। आपने कई फिल्में देखी होंगी जिसमें अभिनेता शुरुआत में गरीब होता है पर बाद में अमीर बन जाता है या उसे अमीर बनने का लक्ष्य अभिनेत्री के पिता से प्राप्त होता है। उससे शर्त लगाई जाती है कि अगर वह अभिनेत्री के पिता की क्षमता अनुसार अमीर बन गया तो उसकी शादी अभिनेत्री से हो जाएगी अन्यथा वह अपने प्यार को भूल जाए। अभिनेता को अमीर बनने का कारण मिल जाता है। वह अपने लक्ष्य को प्राप्त कर लेता है। अधिकांश फिल्मों में समय सीमा निकल जाती है और अभिनेत्री की दूसरी जगह शादी कर दी जाती है। ऐसी फिल्मो में गोविंदा अभिनित राजा भैया, साजन चले ससुराल मुख्य फिल्में हैं । इन फिल्मों से हमें शिक्षा मिलती है कि अगर हमारे जीवन में लक्ष्य प्राप्ति का उचित कारण हो तो बड़े से बड़ा लक्ष्य भी आसानी से प्राप्त किया जा सकता है।

हमें अपने लक्ष्य को सरल व सहज बनाना है तो उसमें उसे प्राप्त करने का कारण नामक उत्साह को फूक देना चाहिए निसंदेह लक्ष्य आसानी से प्राप्त होने जैसा लगेगा।

मैं अपनी बात करूं तो मुझे भी अपना लक्ष्य ना मालूम था। मैं कभी अधिकारी बनने की सोचता तो कभी राजनेता , कभी लेखक तो कभी व्यापारी। मैं पूरी तरह से कंफ्यूज था कि आखिर मुझे बनाना क्या है ? पर मुझे यह जरूर पता था कि मुझे अत्यधिक अमीर

बनना है और उसके साथ ही साथ अपने नाम को बुलंदी तक पहुंचाना भी है। मेरा बचपन से ही लेखन में रुझान रहा है अतः मैंने अपना लक्ष्य एक सफल कवि व लेखक बनने का बनाया और इसी क्षेत्र में आगे बढ़ गया। मैं क्यों लेखक या कवि बनना चाहता हूं? क्योंकि मैं अपने को महान कवियों और महान लेखकों के समान उनके समकक्ष देखना चाहता हूं अतः मेरा यह विजन ही मुझे मेरे लक्ष्य को प्राप्त करने की ताकत व रोमांच देता है।

मैं आपको यहां पर दसरथ मांझी के बारे में भी बताना ठीक समझता हूं जो काफी कम उम्र में अपने घर से भाग गए थे और धनबाद की कोयले की खानों में उन्होनें काम किया। फिर वे अपने घर लौट आए और फाल्गुनी देवी से शादी की। अपने पति के लिए खाना ले जाते समय उनकी पत्नी फाल्गुनी पहाड़ के दर्रे में गिर गयी और उनका निधन हो गया। अगर फाल्गुनी देवी को अस्पताल ले जाया गया होता तो शायद वो बच जाती यह बात उनके मन में घर कर गई। इसके बाद दशरथ मांझी ने संकल्प लिया कि वह अकेले अपने दम पर वे पहाड़ के बीचों बीच से रास्ता निकालेगे और फिर उन्होंने 360 फ़ुट-लम्बा , 25 फ़ुट-गहरा और 30 फ़ुट-चौड़ा गेहलौर की पहाड़ियों से रास्ता बनाना शुरू किया। उन्होंने अपने काम को 22 वर्षों में पूरा किया। इस सड़क ने गया के अत्रि और वज़ीरगंज सेक्टर्स की दूरी को 55 किमी से 15 किमी कर दिया। माँझी के प्रयास का मज़ाक उड़ाया गया पर उनके इस प्रयास ने गेहलौर के लोगों के जीवन को सरल बना दिया। उनका ये प्रयास सराहनीय है। उन्होंने अपनी पत्नी के प्रेम में असीम बड़ा लक्ष्य भेद के दिखाया। उनका अपनी पत्नी के प्रति असीम प्रेम ही उन्हें लक्ष्य भेदने की ऊर्जा प्रदान करता गया।

वृत्रासुर ने शक्ति प्राप्त की थी क्योंकि वह अपनी मृत माता को पुनः जीवित करना चाहता था, ध्रुव ने तपस्या की क्योंकि वह भगवान की प्राप्ति करना चाहता था, सावित्री ने यमराज से अपने पति के प्राणों की रक्षा की क्योंकि वह अपने पति को पुनः जीवित करना चाहती थी। सचिन को क्रिकेट, हनी सिंह को सिंगिंग , अमिताभ बच्चन को अभिनय अच्छा लगा और उन्होंने उसमें अपना मुकाम बनाया

क्योंकि उन सबके पास उचित कारण था अतः आप लक्ष्य को कारण दे कि किस कारण से आप उसे प्राप्त करना चाहते हैं। मेरे से सेना में भर्ती होने के बाद एक अधिकारी ने मुझसे पूछा था कि तुम क्यों सेना में भर्ती हुए? जिसके जवाब में मैंने उससे कहा था कि मुझे इस नौकरी की जरूरत थी और मेरे पिता चाहते थे कि मैं सेना में ही जाऊं जिससे देश की सेवा व उनका नाम रोशन कर सकूं इसलिए मैं सेना में भर्ती हुआ हूं। यह उत्तर सुनकर अधिकारी काफी प्रसन्न चित्त हुआ था। मैं सहज ही सेना में भर्ती हो गया था। इसकी भी एक दिलचस्प कहानी है जिसे मैंने अपनी पुस्तक "कदम ही तो आगे करना है" मैं विस्तार से बताया है। मेरा सेना में भर्ती देखने का कारण था अपने पापा के चेहरे पर खुशी देखना अतः मेरे पास अपने लक्ष्य को भेदने का समुचित कारण था जो मेरे लिए मेरे लक्ष्य को सहज करता चला गया और परिणाम आज सबके सामने है। आज मैं सेना में कार्यरत हूं। आपके पास लक्ष्य को भेदने का जितना बड़ा कारण होगा आपको लक्ष्य उतना ही सहज लगने लगता है। फिर रास्ते पर आए कांटे भी फूल जैसे दिखाई देते हैं। एक फिल्म का दृश्य मैं बयां करता हूं जिसमें नायिका का भाई कांच का रास्ता बना देता है और नायक को उसे पार करने को कहता है। नायक ने अगर उस कांच के रास्ते को पार नहीं किया तो उसका नायिका से मिलन नहीं हो सकता था। यह उस नायक की परीक्षा थी। नायक अपने प्यार के लिए उस रास्ते पर हंसते हुये चलने लगता है। नायिका से मिलन के एहसास में वह कांच भी उसे फूल जैसे लगते हैं। मैं इस फिल्म का उदाहरण आपको इसलिए दे रहा हूं क्योंकि यह फिल्में समाज का दर्पण होती हैं अतः हमें इससे अच्छी बातें सीखते हुए चलनी चाहिए। अमेरिका के मशहूर व्यापारी इसलिए राजनीति में आए क्योंकि वह व्हाइट हाउस में जाना चाहते थे। वह अमेरिका के डोनाल्ड ट्रंप थे जो सबसे बुजुर्ग व्यक्ति अमेरिका के राष्ट्रपति बने। मैंने एक पुस्तक रिच डैड पुअर डैड पढी जिसके लेखक रॉबर्ट कियोसकी बचपन से ही एक सफल व्यापारी बनना चाहते थे और वह बने भी। आज वह डोनाल्ड ट्रंप के बिजनेस पार्टनर हैं। वह अमीर व्यापारी बनना चाहते थे क्योंकि वह अपने जीवन को ऐसो- आराम से आधुनिक साधनों के साथ

जीना चाहते थे। हम अपने लक्ष्य को कारण नहीं दे पाते उसके भी प्रमुख रूप से दो कारण हो सकते हैं ।

1. अपनी इच्छाओं को संकुचित रखना :-

हमें सबसे पहले यह जान लेना चाहिए कि हर एक चीज हमारी इच्छा पर निर्भर करता है, जैसे- हमें कहीं जाना है या नहीं जाना है यह हमारे ऊपर निर्भर है क्योंकि यदि हमें नई नई जगह घूमना पसंद है तो हमारी इच्छा हमेशा जाने की, घूमने फिरने की होती रहेगी। यदि हमारी इच्छा आने-जाने की ही नहीं है तो हम घर पर रहना ही पसंद करते हैं। हम कहीं भी आने जाने से बचते नजर आएंगे। इस उदाहरण से हमें यह जान लेना चाहिए कि हमारी इच्छाएं ही किसी कार्य का सर्जन, रूपांतरण इत्यादि का कार्य भली-भांति करती हैं। इसके लिए मैं आपको एक जीवंत उदाहरण देना चाहता हूं। यह उदाहरण है बीसवीं सदी के महान तानाशाह हिटलर का । हिटलर जर्मनी का नहीं था वह आस्ट्रिया नामक देश का एक मामूली आम नागरिक था। वह काफी दिनों तक यूं ही फुटपाथ पर घूमता रहा। वह एक सैनिक रहा जिसने प्रथम विश्वयुद्ध झेला। वह पूरे जर्मनी पर राज करना चाहता था। वह चाहता था कि पूरा विश्व हिटलर के आगे नतमस्तक हो। अभी वह सत्ता में नहीं आया था और वह अपने घर पर नजरबंद हो गया था। इसी दौरान उसने एक पुस्तक लिखी जिसका नाम था "मेन कैप" । उसने अपनी पुस्तक में वह सब कुछ पहले ही लिख दिया था जो वह करना चाहता था या जो भी उसकी इच्छा थी। इस पुस्तक में उसने अपनी कूटनीति भी उजागर की थी और बाद में तो बस वह अपने बनाए रास्ते पर बढ़ता गया। वह कभी भी पीछे ना मुड़ा। उसने वह सब किया जो उसने उस पुस्तक में पहले ही लिखा था । सन 1933 ईस्वी में वह जर्मनी का तानाशाह बना। लगभग 5 साल के कार्यकाल में ही उसने जर्मनी का पूरा कायाकलाप ही कर डाला था। जो जर्मनी पहले हतोत्साहित, गरीब, सेना रहित कर्ज में डूबी हुई थी वह आज इन सब कमजोरियों से लगभग निजात पा चुकी थी। द्वितीय विश्व युद्ध से पहले हिटलर ने आस्ट्रिया, स्पेन , फ्रांस

समेत कई देशों को हराया था। यह सब उदाहरण हिटलर की सफलता को इंगित करते हैं। हिटलर में जज्बा था, उसकी प्रबल महत्वाकांक्षा व आसमान को छूने की इच्छा जो उसे हमेशा ही अलग करती थीं। अपनी प्रबल इच्छा से ही वह एक सशक्त तानाशाह बन बैठा। जिसने जर्मनी में 1933 ईस्वी से 1945 ईस्वी तक राज किया। एक समय था जब विश्व के लिए वह खतरा का कारण बन चुका था। उसने अपनी सनक से दुनिया का नक्शा बदल के रख दिया। वह हिटलर ही था जिसकी सनक से द्वितीय विश्व युद्ध में लगभग 7 करोड से भी ज्यादा लोग मारे गए। हिटलर जब भी हुंकार भरता था तो समूचा विश्व दहशत में आ जाता था। हमें हिटलर से उसकी अच्छाइयों को ले लेना चाहिए। जिनमें उसकी दूरदर्शिता, कूटनीतिकता, साहस, प्रबल इच्छा और हठ है जो उसे किसी भी चीज के लिए अडिग रखती हैं भले पूरी दुनिया उस चीज को न करती हो। मैंने यहां पर हिटलर का इसलिए उदाहरण दिया है क्योंकि वह अपनी प्रबल इच्छा के दम पर जमीन से आसमान तक का सफर तय किया था। मैं यहां पर एक चीज और बताना चाहूंगा कि कोई भी इच्छा छोटी या बड़ी नहीं होती। हर एक इच्छा अपना स्थान रखती है और उसके पूरे होने की संभावना हमारी इच्छा की प्रबलता पर निर्भर करता है कि हम उस इच्छा को कितनी प्रबलता से चाहते हैं। हमें इस उदाहरण से सीखना चाहिए कि लक्ष्य का कारण जरूर होना चाहिए। मैं यहां पर एक सूत्र देना चाहूंगा जो आपके लिए काफी कारगर हो सकता है।

लक्ष्य का कारण = हमारी प्रबल इच्छा

अर्थात हमारी प्रबल इच्छा हमारे लक्ष्य के कारण होती है जैसे हिटलर शक्तिशाली बनना चाहता था क्योंकि वह जर्मनी और अपनी दहशत पूरी दुनिया पर करना चाहता था। जिसे हम ऐसे भी लिख सकते हैं।

हिटलर का तानाशाह बनना = समूची दुनिया में हिटलर के द्वारा अपना रुतबा व्याप्त करना

"जो सिर फिरे होते हैं

इतिहास वही लिखते हैं

समझदार तो सिर्फ उसे पढ़ते हैं ।"

- अज्ञात

मुझे आशा है कि आप इस लक्ष्य के कारण का महत्व और प्रबल इच्छा के आपसी संबंध को जरूर जान गए होंगे अतः हमारी प्रबल इच्छा और लक्ष्य का कारण दोनों ही हमारे लक्ष्य के लिए नींव का काम करते हैं। हमारे पास बड़ा से बड़ा लक्ष्य होने पर भी हम इसे अपनी इच्छा की प्रबलता और प्राप्त करने के कारण से उसे सहजता और सरलता से प्राप्त कर सकते हैं।

लक्ष्य अगर शरीर है तो इच्छा इसके लिए आत्मा और लक्ष्य का कारण इसके लिए श्वास है।

हमें यहां पर यह ध्यान रखना चाहिए कि इच्छा छोटी बड़ी नहीं होती इसलिए हमें अच्छी व बड़ी इच्छा रखनी चाहिए। मैंने यहां पर बड़ी इच्छा का संबोधन किया है जो हमारे संदर्भ में है ना कि देने वाले ईश्वर या प्रकृति के संदर्भ में। इच्छाओं को संकुचित ना रखें जो भी आपको चाहिए, आपकों पसंद है खुले मन से मांगे, इच्छा रखें। अमूमन हम क्या सोचते हैं? कि यह सोचना गलत है, जैसे- कि कोई रिक्शा वाला हेलीकॉप्टर का ख्वाब नहीं रखता पर क्या यह गलत है? नहीं जी। गलत तो है नहीं सोचना । मैं यहां पर आपको एक लड़के की कहानी बताना चाहूंगा । एक लड़का जो अपने तीन भाई और चार बहन के साथ अनाथ हो चुका था। उसके मां-बाप एक एक्सीडेंट में मर चुके थे। अब यही भाई-बहन बचे थे। सारे नाते रिश्तेदार साथ छोड़ चुके थे। कोई भी अपना नहीं था जो उन्हें अपना कहता, अपना समझता, उन्हें दो रोटी खिला सकता। कहने को उनके सगे चाचा-चाची सब थे पर साथ कोई नहीं था। इस समय उनके पास तो दो दुख थे। एक मां-बाप के खोने का और दूसरा पापी पेट का। वे भूखे रहे कई दिनों तक भूखे रहे पर कितने दिनों तक रहते? आखिर में बड़े लड़के ने अपनी जिम्मेवारी समझी और

बाहर एक काम की तलाश में निकल पड़ा। काम की तलाश में इधर-उधर भटकता रहा लेकिन उसे काम नहीं मिल रहा था। उसे कोई रास्ता नहीं सूझ रहा था फिर उसकी नजर पास पड़े हुए कचरे पर गई जहां पर कुछ लोग उस कचरे को बीन रहे थे जिसे देखकर वह उत्साहित हुआ शायद उसे काम मिल चुका था। उस दिन उसे पता नहीं था कि उसे कचरे में क्या बीनना है? पर उस दिन उसे अपने परिवार को चलाने के लिए एक रोजगार मिल गया था और आधी आधी रोटी भी। अगला दिन उससे भी शानदार रहा। उसके साथ अब उसके एक भाई और दो बहन भी कचरा बीनने का काम करने लगते हैं और बाकी के दो भाई दो बहन घर में रहते हैं। कुछ दिनों बाद लड़का मुंबई आ जाता है और गुजरात के एक सेठ के ट्रक पर सामान ढोने लगता है। वह कुछ सालों में ट्रक ड्राइवर बन जाता है और फिर कुछ सालों तक वह यूं ही ट्रक चलाता रहता है। इसी दौरान उसे एक लड़की से प्यार भी हो जाता है। एक दिन गुजराती सेट अपना ट्रक बेचना चाहता है और वह लड़का अपनी जमा पूंजी से उस ट्रक को खरीद लेता है । धींरे-धींरे अपने जुनून से और अमीर बनने की चाहत से वह आज लगभग 2000 ट्रकों का मालिक बन चुका है। आज उसकी ट्रांसपोर्ट कंपनी भारत में अपना स्थान रखती है। यह कहानी यह जरूर सिखाने के लिए पर्याप्त है कि शून्य से शुरुआत करने वाला लड़का कैसे एक करोड़पति बन जाता है? वह कैसे एक करोड़ों की कंपनी का मालिक बन जाता है? क्यों? क्योंकि उसके पास लक्ष्य प्राप्त करने का एक दमदार कारण था।

बिना कारण के कुछ भी नहीं होता।

यहां तक कि प्रत्येक इंसान का जन्म भी किसी ना किसी कारण के लिए हुआ है अतः आप उसे पहचाने और पूरा करें। और दूसरा प्रमुख कारण जिससे हम अपने लक्ष्य को कारण नहीं दे पाते।

2. हमारा अपने जीवन से संतुष्ट होना :-

आरएमपी कॉलेज के ग्राउंड में हैंडबाल का एक रोमांचक- कारी मैच हो रहा था । मेरे गुरु श्री सुनील यादव जी और मित्रगण, स्कूल के प्राचार्य जो सभी गेमों में उत्साह लेते थे और मैं सब मैच के प्रतिभागी के रूप में खेल रहे थे। मैच काफी रोमांचकारी हुआ और आखिरकार समाप्त हो गया। मैच समाप्त होते ही मैं प्राचार्य के पास गया। मुझे उनकी ज्ञानवर्धक बातें काफी अच्छी लगती थी। आज हमारे विकास -उन्नति आदि करने पर कोई बात चली तो उन्होंने अकबर के वंशजों से अपनी बात करनी प्रारंभ की। वह अकबर के वंशजों की बुरी आर्थिक स्थिति के बारे में बताने लगे। मुगलों ने भारत पर लगभग 350 वर्षों तक राज किया है। जिसमें अकबर सबसे सफल राजा हुआ था । प्राचार्य ने मुख्य रूप से दो सुझाव दिए।

i) हमें शून्य से शुरुआत करनी चाहिए।

ii) हमें अपनी पैतृक संपत्ति पर घमंड नहीं करना चाहिए।

प्राचार्य की बातें मुझे अच्छी लगी। अब जाने का समय हो चुका था तो हम सभी अपनी अपनी साइकिल उठा अपने अपने रास्ते चलने लगे। रात को सोते समय मुझे प्राचार्य की बातें याद आने लगी और मैं उस पर मनन करने लगा । प्राचार्य की दोनों बातें एक दूसरे की पूरक जैसी लग रही थी। अचानक मुझे मेरे नाना जी के गांव में एक ब्राह्मण परिवार का दृश्य याद आने लगा। वह परिवार कभी गांव का सबसे रईस जमीदार, धनवान, परिवार हुआ करता था। इनके पास गांव की लगभग आधी जमीन थी। पिता के स्वर्गवास होते ही उनके लड़कों ने संपत्ति , खेत, खलिहान इत्यादि बेच डाले और आज उनकी स्थिति काफी दयनीय है। अपने को जो शून्य नहीं मानता है वह कभी भी कुछ नहीं करना चाहता उसे अपनी संपत्ति पर घमंड होता है। वह अपनी संपत्ति से संतुष्ट होता है और उसे ही बेच कर अपना पोषण करने लगता है अंततः वह पतन को प्राप्त होता है। हमें अपने जीवन से संतुष्ट नहीं होना है यदि वे ब्राह्मण पुत्र अपनी स्थिति से संतुष्ट नहीं होते और अपनी स्थिति को और अधिक

प्रबल करने की इच्छा रखते तो उनका पतन नहीं उनकी उन्नति होना था अतः हमें एक लक्ष्य रखना है। उसका कारण रखना है और प्रबल कारण रखना है जो हमारे लक्ष्य को आसानी से प्राप्त करने में हमारी मदद करता हो।

संतुष्ट होना लक्ष्य को स्टेप ब्रेकर लगाने जैसा है।

सारांश

हम अधिकांश लोग लक्ष्य का कारण ही नहीं रखते हैं और दूसरे को दिखाने के लिए लक्ष्य को बना लेते हैं परंतु जब उस लक्ष्य की कठिनाइयां हमारे सामने आती हैं तो हम घबरा जाते हैं और हम अपना लक्ष्य बदल लेते हैं । ऐसा ही कुछ पीयूष के साथ हुआ जो मेरा और रवि दुबे का मित्र था। वह फोर्स ज्वाइन नहीं कर पाया क्योंकि वह फोर्स ज्वाइन करने का कारण नहीं रखता था। मोहनदास करमचंद गांधी ने अंग्रेजों से देश को आजादी दिलाई क्योंकि वह किसी भारतीय पर अंग्रेजों का अत्याचार नहीं देखना चाहते थे। कई फिल्मों में अभिनेता को अभिनेत्री से मिलने के लिए अमीर बनने का लक्ष्य मिलता है और वह उसमें सफल भी होते हैं। मैं अपने को महान कवियों लेखकों के समकक्ष लाना चाहता हूं इसलिए मैं लेखन की तरफ आगे बढ़ा हूं। मैं सेना में सहजता से भर्ती हो गया क्योंकि मेरे पास मेरे पापा के चेहरे पर खुशी देखने का मजबूत कारण था। नायक नायिका से मिलन की आस लेकर कांच के बने रास्ते पर भी फूलों के बने रास्ते जैसा चल सकता है। डोनाल्ड ट्रंप व्हाइट हाउस आने के लिए राजनेता बने और रॉबर्ट कियोसकी अपने ऐसो आराम की जिंदगी जीने के लिए अमीर बनते हैं । यह सब उदाहरण आपको अपने लक्ष्य का कारण देने में सक्षम हो सकते हैं। लक्ष्य को कारण देने से रोकने के प्रमुख दो कारण हो सकते हैं ।

1. अपनी इच्छाओं को संकुचित रखना :-

हमारी इच्छा पर ही हर एक चीज निर्भर करती है। हमारी इच्छा होगी तो वह होगा यदि नहीं चाहे तो नहीं होगा। प्रबल इच्छा से हिटलर जमीन से आसमान तक पहुंचा और जर्मनी का तानाशाह बना । उसने समूचे विश्व को आतंकित किया। हर इच्छा अपना

स्थान रखती है इच्छा पूरी होने की संभावना हमारी इच्छा की प्रबलता पर निर्भर करती है।

लक्ष्य का कारण = हमारी प्रबल इच्छा

अतः बडा व अच्छा सोचे ना कि संकुचित सोच रखें। बडा सोचने वाला एक अनाथ लड़का अपने सात भाई बहनों को पालते हुए कैसे कचरा बीन कर, ट्रक चलाकर एक बड़े ट्रांसपोर्ट अंपायर का मालिक बन बैठता है जिसके पास आज लगभग 2000 ट्रक हैं।

2. हमारा अपने जीवन से संतुष्ट होना :-

कॉलेज के प्राचार्य ने बताया कि हमें शून्य से शुरुआत करनी चाहिए और दूसरा अपने पैतृक संपत्ति पर घमंड नहीं करना चाहिए अन्यथा हमारा पतन होना सुनिश्चित है। जिसका जीवंत उदाहरण नाना के गांव में एक ब्राह्मण परिवार के पतन से मिलता है। अगर ब्राह्मण पुत्र अपनी स्थिति से संतुष्ट नहीं होते और अपनी स्थिति को और अधिक प्रबल करने की इच्छा रखते तो उनका पतन नहीं बल्कि उनकी उन्नति होना था अतः हमें एक लक्ष्य रखना है, उसका कारण रखना है और प्रबल कारण रखना है जो हमारे लक्ष्य को आसानी से प्राप्त करने में हमारी मदद करता हो।

प्रत्येक चीज में उर्जा है। हमारे लक्ष्य में भी है जो उसे उसका कारण देता है।

प्रश्न

1. आपके पास आपके लक्ष्य का क्या कारण है?
2. आपमें लक्ष्य प्राप्ति की इच्छा कितनी प्रबल है?
3. क्या आप अपने जीवन से संतुष्ट हैं?

हमें करना चाहिए

1. हमें सबसे पहले अपने लक्ष्य को प्रबल इच्छा देनी चाहिए।

2. हमें अपने लक्ष्य का कारण पता होना चाहिए कि हम उस लक्ष्य को क्यों प्राप्त करना चाहते हैं? हमें अपनी इच्छाओं को बड़ा करना चाहिए और प्रबल भी क्योंकि लक्ष्य का कारण हमारी प्रबल इच्छा पर निर्भर करता है। हमारी इच्छा जितनी प्रबल होती है, हमारे लक्ष्य को प्राप्त करने का कारण भी उतना ही प्रबल होता जाता है। हमें अच्छी, बडी और अलग इच्छा रखनी चाहिए।

4. अवसर को न पहचानना

हमारे सामने कई बार सुनहरे अवसर आते है और हमारी अज्ञानता के चलते वह यूं ही जाया हो जाते हैं। हम अपनी अज्ञानता के चलते, अपनी अनभिज्ञता से सुनहरे अवसरों का लाभ नहीं उठा पाते और हम अपने लक्ष्य को भेदने से चूक जाते हैं। यह अवसर भिन्न-भिन्न रूपों में हमारे सामने आते हैं जरूरत है तो हमें उन अवसरों का सृजन करने की, उन अवसरों को प्रयोग करने की जिससे हम अपने उद्देश्य को प्राप्त कर सकें। मैं आपकों इन अवसरों के प्रयोग करने के कुछ प्रमाणिक उदाहरण देना चाहूंगा।

भरे दरबार में मगध के राजा ने आचार्य कौटिल्य का अपमान कर दिया। उनके रंग व कद काठी के ऊपर उन्हें अपमानित कर, उनको अपने दरबार से निष्कासित कर दिया। इस अपमान को न सहन कर, इस अपमान का कौटिल्य ने अपने दुश्मन से प्रतिशोध लेने की प्रतिज्ञा ली। एक दिन आचार्य यूं ही भ्रमण कर रहे थे तो उन्हें कुछ बच्चे खेलते हुए दिखाई पड़े। वह सब एक बच्चे को राजा की तरह सम्मान दे रहे थे। राजा बना हुआ बच्चा सबसे ऊंचे टीले पर बैठा एक सामने खड़े लड़के की समस्याएं सुन रहा था। सामने दो लड़के थे। दोनों एक दूसरे पर आरोप लगा रहे थे। पहला दूसरे को चोर बता रहा था तो दूसरा पहले को झूठा बता रहा था। महाराज की भूमिका निभा रहे लड़के ने पहले वाले लड़के को बोलने का अवसर दिया। पहला लड़का, "महाराज, मैंने इसको कुछ रुपए उधार में दिए थे जिसके एवज में इसने अपने तालाब को पूरे एक साल के लिए मुझे मछली उद्योग करने के लिए दे दिया था और इसके मूल धन लौटाने के साथ ही तालाब वापस उसी का हो जाता।" राजा बने लड़के ने बीच में टोकते हुए कहा," हां फिर क्या समस्या है?" पहले वाला लड़का, "महाराज जब मैंने उस तालाब में मछली पाली है तो यह मुझसे आधा मुनाफा मांग रहा है। कहता है

कि मैंने तालाब दिया था पर इसका पानी नहीं।" राजा बना लड़का कुछ विचार करते हुए, "ठीक है, अब तुम बोलो" दूसरे लड़के की तरफ इशारा करते हुए। दूसरा लड़का, "महाराज, आपने सुना ही मैंने इसे तालाब दिया था इसका पानी नहीं फिर जब यह पानी प्रयोग कर रहा है तो इसका मुनाफा भी मुझे चाहिए, हुजूर।" राजा बना लड़का समझ गया कि दूसरा लड़का चालू है अतः कुछ सोचते हुए उसने दूसरे लड़के को आदेश देते हुए कहा, "तुमने इसको केवल तालाब दिया था उसका पानी नहीं और यह तुम्हें मछली का मुनाफा नहीं दे रहा है इसलिए तुम अपने तालाब का पानी निकाल लो" यह आदेश सुनकर दूसरा लड़का अपना माथा पकड़ कर बैठ गया और पहला लड़का खुशी से झूमते हुए, "राजा की जय हो, राजा की जय हो" कहते हुए चला जाता है। क्योंकि वह जानता था कि तालाब का पानी नहीं निकाला जा सकता था। यह सब कौटिल्य दूर से ही देख रहा था। उसे समझते देर न लगी कि यह होनहार बालक न्याय प्रिय, दूरदर्शी व शासन करने के योग्य है जिसकी मदद से ही मैं मगध का विनाश और एक समृद्धशाली राष्ट्र का निर्माण कर सकता हूं। उस समय मगध सर्व शक्तिशाली राज्य था। उसका विनाश करना असंभव जैसा था परंतु अपने अडिग निर्णय, चतुर रणनीति से कौटिल्य ने सिर्फ मगध का पतन ही नहीं किया बल्कि उस लड़के को सम्राट भी बनाया जिसे हम चंद्रगुप्त के नाम से जानते हैं। यह एक अवसर था जो कौटिल्य को चंद्रगुप्त के रूप में मिला जिसे उन्होंने पहचान कर उसका लाभ उठाया जिससे वह सफलतम राजनीतिज्ञ कहलाए। उनके विचार हमें आज भी ज्ञान प्रदान करते हैं तथा विभिन्न प्रकार की समस्याओं का निदान करते हैं। अगर वह अवसर को ना पहचानते तो आज हम उन्हें चाणक्य के रूप में ना जानते और ना ही उनकी तिछर्ण बुद्धि की प्रशंसा कर रहे होते।

बुद्धिमान लोग अवसर को पहचान उसका लाभ उठाते हैं वही मूर्ख इस अवसर को गंवा कर रोना रोता है।

ईश्वर सभी को अवसर देता है पर हम ही उसे प्राप्त नहीं कर पाते हैं। हम उस अवसर को पहचान ही नहीं पाते और ना ही उसका

लाभ ले पाते हैं। अंत में उस अवसर के खो जाने के उपरांत हम रोना रोते हैं वहीं बुद्धिमान व्यक्ति अवसरों को पहचानता है तथा उनसे लाभ उठाता है।

त्रेता युग में भगवान राम मां सीता के हरण के उपरांत हताशा ग्रस्त नहीं हुए बल्कि अपनी पत्नी की खोज में लग गए। घने जंगलों में इधर से उधर, उधर से इधर वो मां सीता को ढूंढते रहे। प्रभु राम अवसर की तलाश में विचरण करते रहे तदुपरांत उनकी भक्त हनुमान और सुग्रीव से भेंट हुई। यह वह समय था जब प्रभु राम को मां सीता की खोज में सुग्रीव और सुग्रीव को अपने भ्राता बाली से छुटकारा पाने में प्रभु श्रीराम की जरूरत थी। दोनों ने एक दूसरे को अवसर में लिया और मित्रता कर ली। प्रभु ने सुग्रीव की मदद की और बाली के प्राण हर लिए। सुग्रीव को उसकी पत्नी से वापस मिला दिया। उसको किसकंधा नगरी का राजा घोषित कर दिया। सुग्रीव ने मां सीता की खोज में अपनी पूरी सेना लगा दी। मां सीता की खोज के उपरांत वह लंका के पतन में भी प्रभु राम के साथी बने। प्रभु राम रावण की मृत्यु के उपरांत मां सीता के साथ पुनः अयोध्या आ गए। इस देश को प्रभु राम जैसा चक्रवर्ती सम्राट मिला जिसने राम राज्य की स्थापना की। उनके राज्य में प्रजा को अपने समुचित स्वतंत्रता, निरपेक्षता व सम्मान इत्यादि बहुमूल्य अधिकार प्राप्त थे। कहते हैं कि राम राज्य में मनुष्य ही नहीं अपितु जीव जंतु तक हंसी खुशी रहते थे। इस उदाहरण से स्पष्ट है कि शक्तिशाली से शक्तिशाली इंसान को अपने कर्मों को साधने के लिए अवसरों पर निर्भर रहना पड़ता है। शक्तिशाली व बुद्धिमान वही होता है जो अवसर को पहचान जाता है और उसका लाभ उठाता है। जैसे प्रभु राम ने सुग्रीव के रूप में और सुग्रीव ने प्रभु राम के रूप में अवसर को पहचाना और लाभ उठाया।

इसी अवसर को पहचानने का दूसरा उदाहरण हमें द्वापर युग में मिलता है, जब श्री कृष्ण और उनकी बुआ कुंती का संवाद होता है। शाम होने को थी आज कुंती की व्याकुलता अपने प्रचंड रूप में झलक रही थी। वह कल होने वाले प्रचंड युद्ध को पूर्व अनुमान कर भय महसूस कर रही थी जिसमें अर्जुन और कौरवों की सेना का

नेतृत्व कर रहे उसके जेष्ठ पुत्र कर्ण का युद्ध होना लगभग तय हैं। जिसको अब कालचक्र भी नहीं बदल सकता था। इस भीषण आग में जलती हुई कुंती का बुरा हाल हो रहा था कि तभी जानी पहचानी पद्दचापो की आवाज उनके कानों में जाती है। कुंती पीछे मुड़ती है, तो सामने माधव का मुस्कान भरा मोहक चेहरा होता है जो बिल्कुल पास आ चुका होता है। जिसे देख कुंती कुछ खींचते हुए पुनः वापस मुड़ जाती है। कान्हा, "लगता है, बुआ श्री कुछ विशेष विचार मुद्रा में हैं और मैं अनावश्यक कि यहां आ गया हूं।" "ऐसी बात नहीं है माधव, मैं तो बस यूं ही।" कुंती कहते कहते रुक जाती है। कान्हा, "आप कुछ कहना चाहती हैं तो कह दे बुआश्री क्योंकि समय सभी को अवसर देता है लेकिन यह अवसर हमारे गंवा देने पर समय वही अवसर पुनः हमें दे, यह जरूरी नहीं है।" कान्हा की बात सुनकर कुंती कुछ विचार मगन हो जाती है। बुआश्री को चिंता ग्रस्त देख कान्हा बोलते हैं, "बुआश्री, आप अगर कल की चिंता कर रही हैं तो वह व्यर्थ है। हमें कल के बारे में नहीं सोचना चाहिए।कल तो वही होगा जो नियति के पक्ष में होगा।" कान्हा की बातें कुंती को चुभ रही थी वह अपने को ना रोक सकी और फूट पड़ी। कुंती कुछ यूं ही रोती रही और माधव वही खड़े रहे। कुछ समय बाद कुंती अपने को संभालती है और कान्हा की तरफ मुड़ती है। वह अब कान्हा के चेहरे को देखती है जैसे कान्हा उनके भय का कारण जानते हों। कुंती कान्हा को देखते हुए, "माधव मुझे बताओ मैं इस विषम समय में क्या करूं?" अब कान्हा भी बुआ श्री की तरफ ध्यान केंद्रित करते हुए कहते हैं, "बुआ श्री तुम सब अपने इष्ट पर छोड़ दो। कल की चिंता मत करो । कल अच्छा ही होगा।" और कान्हा आगे बढ़कर चरण स्पर्श कर चले जाते हैं। माधव के जाने के उपरांत कुंती विचारों में पुनः डूब जाती है। वह आज तक अपने जेष्ठ पुत्र को कभी भी गले ना लगा सकी थी और ना ही कभी पुत्र का संबोधन ही कर सकी थी। कल युद्ध निर्णायक होना है तथा उसके पास आज का ही अवसर है कि वह महावीर दानी कर्ण को पुत्र जैसा संबोधन कर अपने गले लगा सके। इसके साथ ही साथ उसे अपने सभी पुत्रों की भी फिक्र होती है । कुछ देर यूं ही विचार

मगन होने के बाद वह अपने जेष्ठ पुत्र कर्ण को मिलने चल पड़ती है।

इतिहास गवाह है कि अगर उस दिन कुंती पुत्र कर्ण से ना मिलती तो कुंती अपने आप को कभी नहीं माफ कर पाती। उस दिन कुंती को आखरी अवसर प्राप्त हुआ था अपने पुत्र से मिलने का और उसने उस अवसर को प्रयोग कर लिया था। इसलिए अवसरों को जानना उन्हें पहचानना और उनका लाभ उठाना निहायत ही जरूरी है ।

अवसर कुछ समय ही हमारे सामने रहता है और चल देता है जरूरी यह है कि हम उसका समय रहते प्रयोग कर सकें।

मैंने पहले ही बताया है कि अवसर के पायदान होते हैं वह अधिक समय तक हमारे पास नहीं रुकता अतः उसे हमें समय रहते ही पहचानना होता है नहीं तो फिर पछतावा ही हाथ लगता है। इसी पर हमारी भारतीय संस्कृति में एक अति लोकप्रिय मुहावरा है ।

"अब पछतावे होत क्या ?, जब चिड़िया चुग गई खेत।"

अर्थात अवसर के निकलने के उपरांत कुछ भी नहीं हो सकता बस पछतावा ही कर सकते हैं। यहां पर मैंने आपको रामायण, महाभारत और कूटनीतिज्ञ कौटिल्य जैसे उदाहरण दिए हैं जो अपने - अपने अवसरों को पहचानते हैं तथा उनका उपयोग कर अपने जीवन के उद्देश्य को साधने में सफल होते हैं। हमको इन उदाहरणों से सीख लेते हुए अवसर को यूं ही नष्ट नहीं करना चाहिए तथा अपने जीवन को उद्देश्य देना चाहिए। मैंने अपनी बुक "कदम ही तो आगे करना है" में अपने दोस्त रवि दुबे के बारे में विस्तार से बताया है कि वह मुझे कैसे राजकीय इंटर कॉलेज में मिला, कैसे वह मेरा दोस्त और दोस्त से कैसे गुरु बन गया? जिसने मुझे सेना का सदस्य बना दिया। यहां पर रवि दुबे की एक बात मुझे याद आती है जब उसने मेरे खराब फिजिकल को देखते हुए मुझे ललकारा था और सख्त लहजे में मुझसे कहा था, " तुम क्यों मेहनत नहीं करते?, मेहनत कर, दौड़ ...और दौड़, दौड़ने से कोई नहीं

मरता, बस कदम ही तो आगे करना है। पीछे वाला आगे रखना है। बस रखता रह। आज तक दोड़ने से कोई नहीं मरा, समझा।" यह उसके कटु और सत्य वचन थे जो आज तक मेरे कानों में सुरक्षित हैं और आज भी मुझे हर मेरे काम के प्रति उत्साहित करते रहते हैं। सच यह वह समय था जो मुझे रवि दुबे के रूप में सच्चा दोस्त , मार्गदर्शक मिला जिसने मुझ बिना लक्ष्य वाले को एक लक्ष्य दिया, उसे समय सीमा के भीतर प्राप्त करने का रास्ता और अपार उत्साह दिया । यह अवसर के रूप में मेरे इष्ट ने मुझे उपहार के रूप में प्रदान किया था। जिसे मैंने पहचाना और उपयोग किया तथा अपने लक्ष्य को प्राप्त कर सका। ईश्वर सभी को मौका देता है हमें ही जोहरी बन उस मौके का फायदा उठाना है ।

"असाधारण अवसरों का इंतजार ना करें, सामान्य अवसरों को पकड़े और उन्हें महान बना दें। कमजोर लोग अवसरों का इंतजार करते हैं और साहसी लोग अवसर बनाते हैं।"

- स्वेट मार्डन

उपयुक्त उदाहरणों में जो मैं आपको दे चुका हूं वह प्रतिकूल समय था ना कि अनुकूल समय जिसमें लोगों ने समय को अपने अनुकूल किया है इसलिए आपको यह जान लेने की आवश्यकता है कि स्थिति अवसर की जननी नहीं होती, अवसरों की जननी तो हमारा नजरिया होता है कि हम उस स्थिति को कैसे लेते हैं। केएफसी के संस्थापक कर्नल सेंडर्स, वाल्ट डिज़्नी, क्रिकेट सम्राट सचिन तेंदुलकर, ब्रायन लारा, आवाज की महारानी लता मंगेशकर, महान राजनीतिक अटल बिहारी वाजपेई , नरेंद्र मोदी, पाप स्टार व एक्टर हनी सिंह, अमेरिका के नेता डोनाल्ड ट्रंप व धीरूभाई अंबानी इत्यादि अनेकों ऐसे व्यक्तित्व हैं जिन्होंने अवसर को पहचाना और अपने-अपने क्षेत्रों में महान ऊंचाइयों पर विराजित हुए। इन्हीं में कई ऐसे उदाहरण हैं जो अपने साहस से उस मुकाम को भी हासिल किया है जो उनके लिए लगभग असंभव था। उन्होंने हार नहीं मानी और अपनी कमजोरी को ही अपनी ताकत बना ली उन्होंने वह सब कर डाला जो दूसरों के लिए आज भी मुश्किल है इन्हीं में एक नाम आता है अरुणिमा सिन्हा का जिन्होंने बिना अपने पैर के माउंट

एवरेस्ट जीत करके दिखाया है। जो एक पूर्ण स्वस्थ व्यक्ति के लिए भी मुश्किल होता है। इनका उदाहरण सिद्ध करता है कि अवसर की जननी हमारा नजरिया ही है। आवश्यक है कि हम इसे कैसे लेते हैं? सब हमारे नजरिए पर निर्भर है कोई कमजोरी को आगे करके रोता रहता है तो कोई अपनी कमजोरी को ही अपनी ताकत बना देता है और कमजोरी को अवसर में बदलकर इतिहास में अपना नाम लिखवाने की क्षमता रखता है। ऐसे एक नहीं अनेकों उदाहरण है जिन्होंने अपनी प्रतिकूलता को, प्रतिकूल समय को ही अवसर के रूप में बदल डाला है।और उस अवसर को भुनाकर अपने लक्ष्य को प्राप्त कर चुके हैं। मुझे हॉलीवुड की उस महान फिल्म की याद आ जाती है। इसमें एक कबीले का सरदार जिसे हराने के लिए सभी दुश्मन लग जाते हैं। सरदार के लगभग सभी साथी दुश्मन की ताकत देख डर जाते हैं और उसका साथ छोड़ देते हैं लेकिन सरदार हार नहीं मानता। वह जानता है कि हार कर जीना भी मरने के समान ही या उससे भी बद्तर है। वह इस डर को ही अपनी ताकत बना लेता है और आगे अपनी पूरी ताकत लड़ाई लड़ने में लगा देता है । इस लड़ाई में उसका सब कुछ दांव पर होता है और उसकी प्रतिष्ठा भी।उसे इस युद्ध में शहादत मिलनी थी या इस युद्ध से इतिहास का शूरवीर योद्धा बन जाना था। सरदार के कुछ मामूली जहाजों को हराने के लिए दुश्मन के सैकड़ों शक्तिशाली जहाज लग जाते हैं पर उस सरदार की महत्वाकांक्षा व साहस के आगे सभी दुश्मनों को नतमस्तक होना पड़ता है। नौसेना की व्यापक युद्ध नीति, कूटनीति, चालों, दावों को दर्शाती यह फिल्म काफी रोमांचित करती है। दुश्मन एक - एक दांव चलता रहता है सरदार सब दावों को असफल कर देता है और आखिर में सरदार जब एक दांव चलता है जो निर्णायक पृष्ठभूमि की रचना करता है। जिससे पूरा का पूरा युद्ध उसकी तरफ खींचा हुआ आ जाता है । दुश्मन हताशा से ग्रसित हो जाता है और आखिर कुछ ही क्षणों में ऐसी स्थिति आ जाती है कि उसे युद्ध से अपने कदम वापस लेने पड़ते हैं। दुश्मन को युद्ध छोड़ भागना पड़ता है। अब वह साथी जो सरदार को छोड़कर चले गए थे उसके पास वापस आ चुके होते हैं और अपने सरदार की जय-जय कार कर

रहे होते हैं। सरदार ने अपने डर पर विजय प्राप्त कर उसे अपनी शक्ति बनाई और वह सब प्राप्त किया जो उसके पास नहीं था। उसके पास खोने के लिए कुछ नहीं था और पाने के लिए बहुत कुछ था। अक्सर हम इसलिए मुश्किलों का सामना नहीं करते क्योंकि हमें खोने का डर लगा रहता है । अक्सर हम जुल्म तक सह लेते हैं क्योंकि हमें अपनों को खोने का डर लगा रहता है। जिसका फायदा धूर्त व्यक्ति अपनी ताकत बढ़ाने में करते हैं जिसके अनेकों उदाहरण हैं जो आपको प्रदेश के हर जिले में, मोहल्ले व गली तक में मिल जायेंगे। इस कमजोरी का फायदा राजनेता भी उठाते हैं और हारा चुनाव अपने पक्ष में कर लेते हैं।

अधिकांश लोग एक अप्रत्याशित भय में जीवन यापन करते हैं और उसी भय में मर जाते हैं। हम उस भय को हथियार नहीं बनाते यह हमारी सबसे बड़ी कमजोरी होती है।

मैं यहां पर सनी देओल अभिनीत फिल्म घातक की बात करना चाहूंगा जिसमें सनी का नाम काशी होता है। काशी एक साधारण युवक होता है और उत्तर प्रदेश के काशी से आकर एक महानगर में अपने भाई के पास रहने लगता है। उसका भाई जिस मोहल्ले में रहता है वहां पर कात्या नाम के गुंडे का राज चलता है। कात्या ने पुलिस व राजनेताओं को अपनी तरफ मिलाया होता है। काशी कात्या के खिलाफ खड़ा होता है और उस मोहल्ले के निवासियों में कात्या के डर को खत्म करने की कोशिश करता है। फिल्म के आखिर में , काशी का भतीजा जो सात साल का होता है कात्या पर वार करता है । यह सीन ही फिल्म के उद्देश्य को पूरा करती है। हमें किसी भी अप्रत्याशित वस्तु से डरना नहीं चाहिए उसका पुरजोर सामना करना चाहिए। जिसमें आपको सफलता जरूर मिलेगी क्योंकि ईश्वर भी उन्हीं की मदद करता है जो अपनी मदद करते हैं ना कि थके हारे व्यक्ति की। अब चुनना आपको है कि आपको काशी बनाना है कि नहीं। विजय हासिल करनी है या नहीं। हमें इस डर से बचना है और अपने को खोखला होने से बचाना है।

संसार की कोई भी ताकत आपको हरा नहीं सकती जब तक आप अपने को हारा हुआ नहीं मानते।

कई लोगों के सामने अवसर आते हैं और चले जाते हैं पर वो उन्हें पहचानते ही नहीं हैं। फिर कहते हैं कि ईश्वर ने हमारी मदद नहीं की या ईश्वर ही नहीं चाहता था और या फिर गीता का वह प्रसिद्ध उदाहरण देते हैं जिसमें भगवान श्री कृष्ण ने कहा है।, "सब मेरी मर्जी से हो रहा है बिना मेरी मर्जी के पत्ता भी नहीं हिलता है।" यह कह संतुष्ट हो जाते हैं और हाथ पर हाथ धरे बैठे रहते हैं। जैसा मैं पहले ही कह चुका हूं कि अवसर हमारे नजरिए पर निर्भर करता है । क्या आपने यह कहानी सुनी है? जिसमें एक साधु अत्याधिक ईश्वर का पुजारी है। एक दिन उसके गांव में पानी का प्रकोप आ जाता है और समूचा गांव डूबने लगता है। पानी का स्तर निरंतर बढ़ता चला जाता है। गांव के सभी लोग एक-एक करके गांव छोड़ देते हैं। वह लोग उस साधु से भी अपने साथ चलने का आग्रह करते हैं परंतु साधु ईश्वर के आने की बात करता है। उसके बाद गोताखोर और फिर सेना का हेलीकॉप्टर भी बारी बारी से आते हैं और साधु से साथ में चलने का आग्रह करते है लेकिन साधु तब पर भी उनके साथ नहीं जाता और अंत में वह पानी में डूब जाता है और डूबने से साधु की मृत्यु हो जाती है। साधु स्वर्ग को प्रस्थान करता है। स्वर्ग में आकर वह अपने आप को भगवान के सम्मुख पाता है। भगवान की मोहक मुस्कान को देखकर साधु उन्हें साष्टांग प्रणाम करता है और फिर पूछता है, "हे दीनों के दीन, हे महाप्रभु, हे घट- घट में निवास करने वाले, मेरे आराध्य, मेरे परम पूज्य, परम पिता मैंने आपकी सेवा में, आपके नाम सुमिरन में अपना सर्वस्व जीवन समर्पित कर दिया है परंतु मेरी आवश्यकता में आप मेरे पास नहीं आए, प्रभु आपने अपने भक्त की रक्षा नहीं की।" प्रभु यह सुन कर मुस्कराने लगते हैं और साधु को प्रेम पूर्वक कहते हैं , "हे मुनिवर, मैं आप से कब अलग रहा, मैं तो भक्तों में निवास करता हूं । पहले गांव के नागरिक के रूप में फिर गोताखोर के रूप में और फिर हेलीकॉप्टर से तुम्हें बचाने के लिए आया था पर मुनिवर आपने ही मुझे पहचाना नहीं न ही मेरे साथ आए, हे मुनिवर आपने मुझ पर

विश्वास किया परंतु आपका विश्वास अधूरा था।" यह सुनकर साधु आश्चर्य से भर जाता है और हाथ जोड़कर प्रार्थना करते हुए पूछता है, "वह कैसे भगवन?, कृपया मेरा मार्गदर्शन कीजिए।" मुनिवर के प्रश्न का उत्तर देते हुए भगवान कहते हैं, "हे मुनिवार तुमने मुझ पर विश्वास किया परंतु मेरी ही बातों पर संशय रखा। मैंने ही कहा था कि मैं सब में व्याप्त हूं, मैं ही वह नागरिक गांव वाला , गोताखोर और हेलीकॉप्टर वाला भी मै हीं था। आप यह कैसे बोल सकते हैं कि मैं आपको बचाने नहीं आया? या सुनकर वह साधु रोने लगता है वह हृदय से पछताने लगता है।

किसी ने आदर्श परिस्थितियों में सफलता नहीं पाई अगर पाई है तो वह पूर्ण सफलता नहीं है।

"अवसर हमारे नजरिए में है। वह सुगम व दुर्गम नहीं होता। हमें निरंतर प्रयासरत होकर अपने उद्देश्य को पूर्ण करने के लिए प्रयत्नशील होना चाहिए। अपने नजरिए को अवसरवादी रूप में बदले ना कि बुरी स्थिति को कोसने में वक्त जाया करे।"

- **अतुल सिंह**

सारांश

भगवान राम, महाभारत की कुंती और कौटिल्य के उदाहरणों से अवसरों को उपयोग करने की व्याख्या की गई है । यह तीन विभिन्न युगों की घटनाएं हैं। पहली त्रेता, दूसरी द्वापर व तीसरी कलयुग के समय की है। तीनों घटनाओं में विषम परिस्थितियों में नायक व नायिका के द्वारा ऐसे अवसरों का सृजन किया जाता है तथा इन अवसरों को कैसे उपयोग कर अपने उद्देश्य की प्राप्ति की जाती है दिखाया गया है। तीनों ही घटनाएं भिन्न- भिन्न समय की होने पर भी एक जैसा तालमेंल रखती हैं। अवसरों का सृजन हमें ही अपने नजरिए से करना पड़ता है। अवसर कुछ समय सीमा रखता है इसलिए हमें उसे समय सीमा के अंदर ही उपयोग करना पड़ता है। यहां पर मैंने अपनी पुस्तक "कदम ही तो आगे करना है" के माध्यम से रवि दुबे के उन कथनों को भी बताया है जिसके माध्यम से मैंने अवसर का सृजन कर लक्ष्य को प्राप्त किया है। अरुणिमा सिन्हा का उदाहरण दिया गया है जिसने अपना पैर गवाने के बाद माउंट एवरेस्ट को विजय कर पूरे संसार को आश्चर्य में डाल दिया और इंसान को अपनी शक्तियों के बारे में सोचने पर विवश कर दिया है । इन उदाहरणों से इंसान की असीम क्षमता उजागर होती है। इंसान में असीम क्षमता होते हुए भी वह अवसरों का सर्जन नहीं कर पाता। एक लड़ाके कबीले के सरदार को उसके सभी साथी इसलिए छोड़ देते हैं कि उसका दुश्मन उससे काफी ज्यादा ताकतवर व आधुनिक हथियारों से लैस होता हैं। लेकिन सरदार हार नहीं मानता वह डरता नहीं है बल्कि डर को ही अपनी ताकत बना लेता है और अंततः विजय प्राप्त करता है। कई लोग इसी डर से अपने स्वाभिमान के साथ भी नहीं जी पाते और वह निरंतर गुंडे मवालीओं का शिकार बनते जाते हैं। जिसका उदाहरण घातक फिल्म के माध्यम से दिया गया है जिसमें काशी नाम के नायक ने गुंडे कात्या के डर को समाज से खत्म करने में सफलता पायी। अवसर को अपने डर से नहीं गंवाना चाहिए बल्कि उसका फायदा उठाना चाहिए परंतु कई लोग उसको जाया कर देते हैं और अंत

में पछताना पड़ता है। एक साधु अपने प्राण बचाने के विभिन्न अवसरों को जाने देता है और स्वर्ग सिधार जाता हैं। उन्हें जब पता चलता है कि वह अवसर को ना पहचान सके तथा अपने प्रिय शरीर का त्याग अपनी मूर्खता से करना पड़ा तब वह पश्चाताप करते हैं। यहां पर विभिन्न उदाहरणों के माध्यम से अवसर को पहचानने उनका सर्जन करने और अपने नजरिए को आशावादी, डर व भय मुक्त, अवसरवादी बनाने पर जोर दिया जा रहा है जिससे आप अवसरों का सृजन कर सकें।

प्रश्न

1. आपके अवसर क्या-क्या थे जिन्हें आपने अपने संकुचित नजरिए से गवा दिया?

2. क्या आप अवसरवादी हैं जो अवसर का सृजन करता हो?

3. आपके अवसरवादी बनने में क्या बाधा आती है और उसका आपने क्या समाधान किया?

हमें करना चाहिए

1. विषमता को समता में परिवर्तित कर स्थिति को अपने अनुकूल करने के लिए अपने संकुचित नजरिए को विकसित कर, हमे अवसरों का सृजन करना चाहिए।

2. अवसर का प्रयोग कर तय समय सीमा के अंदर अपने लक्ष्य को साकार करना चाहिए।

3. अवसर के उपयोग के मध्य अपने डर, भय वह भ्रम को नहीं आने देना चाहिए।

4. हमें आशावादी होना चाहिए जिससे हम प्रत्येक अवसर का लाभ उठा सकें।

5. पहल करने से चूकना

अधिकांश लोग पहल नहीं करते हैं। वह पहल करने से हमेशा डरते रहते हैं। मैं आपको एक जीवंत उदाहरण देता हूं जिससे आपको पता चल सकेगा कि हम अपने जीवन में पहल नहीं कर पाते। मेरे नाना जी एक कारखाना खोलना चाहते थे पर उन्होंने उसे कोई समय सीमा से नहीं बांधा था। इस योजना के बारे में उन्होंने मुझे भी कई बार बताया था। उनके पास इस कार्य के लिए पर्याप्त रुपए, जमीन और मजदूर भी थे। इस कार्य के लिए वह सब था जो कारखाने को खोलने के लिए आवश्यक था लेकिन वह यह अपना सुनहरा सपना कभी पूरा नहीं कर पाए। मुझे याद है कि वह जब मुझसे बात कर रहे थे तो उन्होंने अगली ठंडी में कारखाने को खोलने की बात कही थी परंतु अगली फिर ना जाने कितनी अगली ठंडियां आई और चली गई। वह कारखाना नहीं खोल पाए और कहते कहते स्वर्ग सिधार गए। हम सबमें अधिकांशतः लोग भी यही करते हैं। वह कभी पहल ही नहीं कर पाते और यूं ही बिना कुछ किए ही इस दुनिया से प्रस्थान करके चले जाते हैं।

"कई मील लंबी यात्रा बस एक कदम से शुरू होती है।"

- लाओत्से

इस दुनिया में सबसे बड़ा कार्य काम को शुरू करने को कह सकते हैं। यह मुश्किल होता है जिसे सिर्फ थोड़े साहस के साथ ही शुरू किया जा सकता है अतः हमें कुछ साहस रखना है और एक सकारात्मक विचार कि सब अच्छा ही होगा, अपने पक्ष में ही रहेगा, सोच कर बस पहल कर देनी है।

एक बार फैसला लें लिया तो फिर उस पर कोई चर्चा नहीं, क्योंकि बार-बार चर्चा करने से आत्मविश्वास खत्म होता है।

“मैं अकेली हूं लेकिन मैं हूं तो, मैं सब कुछ नहीं कर सकती लेकिन कुछ तो जरूर कर सकती हूं और सिर्फ इसलिए कि मैं सब कुछ नहीं कर सकती, मैं वह करने से पीछे नहीं हटूंगी जो मैं कर सकती हूं।“

- हेलेन केलर

कछवाहा राज वंश के शासक और जोधाबाई के पिता भारमल ने अकबर की अधीनता मात्र इसलिए स्वीकार कर ली थी क्योंकि वह अपनी सेना की छत्ती व हार से बचना चाहते थे। यही नहीं उन्होंने अपनी बेटी की शादी भी अकबर से कर दी। वह भारत के पहले राजपूत शासक थे जिन्होंने मुगलों की गुलामी स्वीकार की और उनके अधीन अपना जीवन यापन किया। क्या वह सही था? क्या वह हारे नहीं थे? क्या उनकी छत्ती नहीं हुई? यकीनन वह गलत था। उसने लड़ाई से पहले ही हार मान ली थीं इसलिए इतिहास उसे कभी भी विजेता नहीं कह सकेगा। वह हारा भी और अपना, अपने संप्रदाय व राजपूतों के गौरवशाली इतिहास को धूमिल करने वाला पहला राजपूत शासक बना जिसने मुगलों की अधीनता स्वीकार कर अपनी बेटी को उन्हें समर्पित कर दिया था।

युद्ध जीतना उतना मायने नहीं रखता है जितना युद्ध लड़ना।

भारतीय इतिहास राजा भारमल को कायर कह कर ही बुलाती रहेगी। वही राजपूतों के शिरोमणि स्वतंत्रता सेनानी महाराणा प्रताप जो अकबर के आगे कभी भी नहीं झुके, उन्होंने अकबर के आधा राज्य देने के बदले उसकी अधीनता को नहीं स्वीकारा। वह जंगलों में भटकते रहे। उन्होंने जंगली घास, फल, मूल खाकर अपना जीवन यापन किया पर कभी भी अकबर की अधीनता को स्वीकार नहीं किया। निसंदेह उन्होंने अपने जीवन में कष्टों का ही सामना किया और कष्टों के साथ ही वह अमर हो गये लेकिन मरते – मरते उन्होंने भारत देश को स्वाधीनता, स्वतंत्रता का जो पाठ पढ़ाया उसे हम कभी भी नहीं भूल सकेंगे। वह भारत के इतिहास के सबसे अच्छे

गोरिल्ला लड़ाई के योद्धा व जनक रहे। उनकी अच्छी सोच व देश को स्वाधीनता का पाठ पढ़ाने के लिए हम उन्हें सम्मान के साथ याद करते हैं। उनका नाम इतिहास के पन्नों में स्वर्णिम अक्षरों के साथ लिखा है ना कि अधीनता स्वीकार करने वाले राजा भारमल का। महाराणा ने अकबर के खिलाफ युद्ध छेड़ा और कई बार विजय रहे तो कई बार उन्हें मुंहकी खानी पड़ी। यह महाराणा प्रताप का प्रताप ही था जो अकबर कभी भी उनके सामने युद्ध करने का साहस तक ना जुटा पाया था। यह विषम परिस्थिति थी जब अधिकांश राजा अकबर की अधीनता में आ चूके थे। अकबर महाराणा की सेना से काफी विशाल और शक्तिशाली सेना रखता था परंतु हौसला नहीं जिसका परिचय हल्दीघाटी के मैदान में महाराणा प्रताप की सेना ने 18 जून 1576 ईस्वी में समूचे इतिहास को प्रस्तुत किया। राणा की रणबाकुरी सेना का एक जवान दुश्मन की सेना के दस जवानों के बराबर था। एक जवान दस दुश्मनों के साथ लड़ाई लड़ा। हल्दीघाटी के मैदान में दुश्मन की सेना दहशत में आ गई और उन में भगदड़ मच गई यद्यपि अकबर की सेना इस युद्ध में जीत गई परंतु यह जीत उसे काफ़ी महंगी साबित हुई। उसे इस जीत के लिए काफी कीमत चुकानी पड़ी। महाराणा प्रताप ने विषम परिस्थितियों में अकबर से युद्ध करने की पहल की इसलिए आज वह भारत के स्वर्णिम इतिहास में हमेशा के लिए अमर हैं। हमारे देश पर अंग्रेजों ने लगभग 250 वर्षों तक राज किया। अंग्रेज एक – एक करके राज्य जीतते चले गए और वह मजबूत होते गए। उस समय के रजवाड़े अपनी बारी का इंतजार करते रहे पर उन्होंने तब कदम नहीं उठाया जब वह जीत सकते थे। कहने का अर्थ है कि हमें समय को समझना चाहिए और पहल करने का मादा रखना चाहिए जिससे बाद में हमें समय निकलने पर पछताना ना पड़े।

मैं और मेरा बड़ा भाई गांव में साथ में घूम रहे थे। वह मुझसे लगभग दो- तीन साल बड़े हैं। मेरी नजर आस-पास पड़ी। हर तरफ मुझे टमाटर की खेती नजर आ रही थी। टमाटर ही टमाटर दूर तक नजर आ रहे थे। मैंने भाई से पूछ लिया, “क्या बात है? टमाटर की ही खेती दिखाई पड़ रही है और दूसरी कोई फसल नहीं दिख रही है।” भाई ने मुझे बताया, “बात ऐसी है कि पिछले साल अपने गांव

में कुंवर किसान ने टमाटर की फसल लगाई थी और उसने काफी अच्छा मुनाफा कमाया था इसलिए इस बार अपने गांव के सभी लोग टमाटर पर ही दांव लगा रहे हैं।" यह सुन मुझे कुछ ताश के पत्तों के जैसे दांव का एहसास हुआ। मैंने जरा सी मुस्कान बिखेर दी जिससे भाई भी हंसने लगा। भाई मेरी तरफ देखते हुए, "क्या बात है तुम हंसे क्यों? यह तो जुआ ही है कभी दाम ऊपर रहता है तो कभी नीचे हो जाता है। मान लो टमाटर के दाम इस बार भी अच्छे रहे तो टमाटर से हमने जो उम्मीद की थी वह सही निकलेगी अगर अच्छे नहीं निकले तो हमारी उम्मीद भी बेकार पत्तों की तरह ही मानी जाएगी।" भाई की बात खत्म होते ही हम दोनों ठहाका मारकर हंसने लगे। कुछ देर यूं ही हंसने के बाद हम शांत हो गए अब काफी अच्छा महसूस हो रहा था। फिर कुछ मिनट रुकने के बाद मैंने भाई की तरफ ध्यान से देखा। हम दोनों एक दूसरे की तरफ देख रहे थे। मैंने भाई से कहा, "पर भाई खेती जुआ नहीं है। हम इसे अपने पूर्व अनुमान से जान सकते हैं। काफी हद तक सही अनुमान हो सकता है और कारगर भी। अच्छा, कुंवर ने पिछले साल मुनाफा कमाया उसके पिछले साल टमाटर का क्या रेट रहा होगा?" भाई ने मुझसे कहा," कुछ खास नहीं रहा था" मैंने कहा, " इसलिए इस बार भी टमाटर कुछ खास रहने की उम्मीद नहीं है क्योंकि पहले सस्ता था फिर मंहगा हुआ और अच्छे रेड देखकर इसबार अधिकांश लोगों ने टमाटर लगाया है इसलिए इस बार इसके रेट खास नहीं उछलेंगे क्योंकि किसी भी चीज की वैल्यू उत्पादन = निर्यात पर निर्भर करती है।" मेरी बात सुन भाई ने हां में सिर हिलाया और हम वापस घर की तरफ चल दिए। इस उदाहरण से कुंवर ने अपनी दूरदर्शिता प्रमाणित की थी। उसने बाजी मारी क्योंकि जब गांव में कोई भी टमाटर नहीं लगा रहा था तब उसने टमाटर लगाने की पहल की थी और जिसका उसे अच्छा खासा मुनाफा भी हुआ था। आप यकीन मानिए आप जो भी सोच रहे हैं अच्छा ही है। वह आपको उन्नति देगा पर उस उन्नति की मात्रा आपकी पहल करने की क्षमता पर जरूर निर्भर करेगी।

मैं आपको इटली के फेलिस बिसलेरी के बारे में भी बताता चलूं। जो 1966 में अपने नाम पर जन्मे ब्रांडेड पानी को भारत में लेकर

आए। विसलेरी आज 2000 से ज्यादा ट्रकों 3500 से ज्यादा डिस्ट्रीब्यूटर और करीब 54 प्लांट के दम पर एक से डेढ़ करोड़ लीटर रोज का पानी बेच रही है। पर क्या आपको मालूम है? 1966 में पानी बेचना कितना मुश्किल रहा होगा वह भी भारत जैसे देशों में जहां गंगा यमुना जैसी निर्मल नदियां बहती हो , कुएं, नल इत्यादि पर्याप्त मात्रा में हों और वह भी 1960 की भुखमरी झेलने वाले भारत देश में, पर साहस किया और पहल की रमेश चौहान ने और आज वह एक ब्रांड के चेयरमैन हैं। यहां पर आपको यह बात समझनी चाहिए कि अवसर सभी को मिलता है पर उसमें विजय उसी की लगभग तय हो जाती है जो अवसर को भुनाने की पहल करता है। हमारे द्वारा सकारात्मक साहस पैदा कर किसी भी कार्य को प्रारंभ करना ही पहल है जिसके असंभवीय परिणाम देखने को मिलते हैं। कई बार ये विचारों तक को परिवर्तित कर देती है इसी का एक उदाहरण रामायण से है।

लगभग युद्ध की घोषणा हो चुकी थी। भगवान राम के बार-बार प्रयास करने पर भी दुष्ट रावण नहीं मानता है। युद्ध की तैयारियां जोरों पर हो रही है। इन्हीं में सबसे पहले श्री राम सेतु का निर्माण होना है। सभी नल और नील के मार्गदर्शन में सेतु का निर्माण करने में प्रयासरत्त हैं। उन सब में एक गिलहरी भी छोटे-छोटे कंकड़ को समुद्र में डालती है। वह भी अपनी क्षमता के अनुसार कार्य करती है। इसे देख प्रभु उस पर प्रसन्न होकर उसे प्यार करते हैं। प्यार से उसकी पीठ सहलाते हैं। कहते हैं गिलहरी की पीठ पर काली लकीर प्रभु श्री राम की उंगलियों के निशान हैं। इस प्रमाणिक कथा से हमें सीख मिलती हैं कि हमे यह नहीं सोचना चाहिए हमारे कार्य का परिणाम व फल क्या होगा? बल्कि सकारात्मक विचारधारा में क्या परिवर्तन आते हैं? सोचना चाहिए। आपके अंदर का वह साहस जो आपको लक्ष्य के प्रति समर्पित करें, उसके प्रति सकारात्मक सोच के साथ आप आगे बढ़े और उन्नति के मार्ग को खोलने की क्षमता रखे। मुझे अपने ग्राउंड के वह दिन आज भी याद आते हैं जब मैं फोर्स में आने के लिए प्रयत्नरत् था। हमारे साथ ही एक बिल्कुल काला लड़का था जो पूर्वांचल की साइड का था। जहां तक वह गोरखपुर जिले का रहने वाला था। जिसे ग्राउंड पर सभी कल्लू

के नाम से जानते थे। वहीं बटालियन में एक रुखसार नाम की लड़की रहती थी। रुखसार किसी अप्सरा से कम ना थी। एक दो बार मैंने भी उसे देखा था पर जब वह मुझे देखती थी तो मैं उससे नजरे ना मिला पाता और वहां से हट जाता था। रुखसार पूरे बटालियन की मिस बटालियन थी। मैंने भी उससे खूबसूरत लड़की पहले ना देखी थी। उसे कई लोग पटाना चाहते थे पर डरते रहे और कोशिश भी नहीं की। कल्लू जिसे सब लड़कीबाज कहकर बुलाते थे उसने रुखसार को भी पटा लिया था। हम लोगों ने जब कल्लू से पूछा तो उसने हमें बताया कि लड़की क्या चाहती है? बस हमें उसकी जरुरते पूरी करनी होती हैं। लड़की पट जाती है। यह एक जीवंत उदाहरण था जो मेरे सामने घटित हुआ था । इस घटना के बाद मेरा लड़कियों के प्रति नजरिया ही बदल गया। हमने देखा कि हममें से किसी ने रूखसार को पटाने की पहेल ही नहीं की जबकि कल्लू अपनी आदतन उसे पटाने के लिए लग गया। उसने पहल की और उसे पटा लिया। यहां पर आपको यह जानना चाहिए कि आपके पास अच्छा रास्ता है, कारण है और अवसर भी है बस जरूरत है तो उसके लिए कार्य करने की। पहल करने की।

"हर जगह सोना बिखरा पड़ा है ज्यादातर लोगों के पास इसे देखने का प्रशिक्षण नहीं है।"

- रॉबर्ट कियोसकी

अधिकांश लोग पहल नहीं करते हैं और कुछ मुख्य कारणों का हवाला देते हैं।

1. उपयुक्त समय का ना होना ।

2. उपयुक्त योजना का ना होना ।

3. उपयुक्त पार्टनर का ना होना ।

4 उपयुक्त मार्गदर्शक ना होना ।

इत्यादि कुछ प्रमुख कारण हैं जो किसी को भी अपने लक्ष्य के प्रति पहल करने से रोकते हैं । मैं यहां पर मेरे साथ रहे सीनियर मोहन कुमार का उदाहरण देना चाहूंगा । मोहन कुमार सेना के अंदर

सूबेदार के रैंक में मेरे साथ थे। हम दोनों एक ही साथ दीमापुर नागालैंड में पोस्टिंग थे। एक दिन मुझे उनके बारे में पता चला कि वह प्लास्टिक पाइप बनाने वाली एक कंपनी के चीफ एग्जीक्यूटिव अधिकारी हैं। यह सुनकर मैं हैरान रह गया। सच कहूं तो मुझे यकीन ही नहीं हुआ की यह सच होगा । भला एक सूबेदार जो उस समय लगभग ₹50000 की नौकरी कर रहा हो वह ₹50 करोड़ की कंपनी का मालिक भी हो यह कैसे संभव हो सकता है? एक दिन मैं उनके पास कुछ काम से गया था। यूं ही बातों ही बातों में उन्होंने अपनी कहानी बतानी शुरू की। उन्होंने 1989 में सेना में जॉइनिंग लिया था। सेना में भर्ती होते ही वे दिल्ली से पुरानी गाड़ियां खरीदते और उनको केरल में ले जाकर बेच देते थे। इसमें उन्हें लगभग 40,000 की एक गाड़ी पड़ती और वह उसे लगभग 80000 की बेच देते। उन्हें उस समय एक गाड़ी पर लगभग 40,000 की बचत होती थी। जो उस समय काफी अच्छी खासी रकम मानी जाती थी। इस तरह से उन्होंने काफी गाड़ियां बेची और लगभग 2 से 3 लाख रूपये कमाए थे। फिर उन्होंने कुछ कांट्रैक्ट लिए जिसमें भी उन्हें काफी अच्छा खासा मुनाफा हुआ। आगे उन्होंने अपने नजरिए को और अधिक विकसित किया और अपनी एक खुद की कंपनी खोल दी। आज वह कंपनी 50 करोड़ से ज्यादा की है और मोहन कुमार उसके मालिक हैं। यह मोहन कुमार की कहानी थी जिन्होंने अपने लक्ष्य को प्राप्त करने का साहस किया और उसके लिए कदम आगे रखने की पहल की आज मोहन कुमार निश्चित ही बहुत आगे निकल चुके थे। उन्होंने साहस किया था जिसका फल भी उन्हें मिला और आज वह एक करोड़पति बन चुके थे। मोहन कुमार ने हमें बताया कि हमको कुछ ना कुछ प्रयास करते रहना चाहिए। हम सफल हो या ना हो इसकी सोच हमें न रख कर कोशिश करते रहना चाहिए। यह सिद्धांत ही मोहन कुमार की सफलता का राज बना। मोहन कुमार के उदाहरण को चरितार्थ करती भारत रत्न श्री अटल बिहारी वाजपेई जी की कविता का यहां पर बोध हो आता है जो हमें कुछ ना कुछ करते रहने को हमेशा उत्साहित करती है।

"क्या हार में , क्या जीत में

किंचित नहीं भयभीत मैं
कर्तव्य पथ पर जो भी मिला
यह भी सही, वह भी सही
वरदान नहीं मांगूंगा
हो कुछ पर हार नहीं मानूंगा"

- भारत रत्न अटल बिहारी बाजपेई

आगे वही रहते हैं, जो आगे रहते हैं।

हमें कोई भी काम करने से पहले सोचना जरूर चाहिए पर इतना नहीं कि वह काम ही ना हो सके। मेरे एक मित्र को अपनी बड़ी बहन के लिए किसी योग्य वर की तलाश थी। उसने वर में इतनी योग्यताएं रख दी कि उसे काफी समय लग गया उस वर को खोजने में। जब काफी समय बाद भी वर नहीं मिला तो आखिर में वह थक हार कर मेरे पास आया। मैंने उसे द्रोपदी की कहानी सुनाई जिसे धर्मराज, वीर, धनुर्धर, बुद्धिमान, और सुंदर पति चाहिए था अतः उसे पांच पतियों की पत्नी बनाना पड़ा। इस कहानी से उसे अपनी गलती का एहसास हुआ और उसने अपनी बेकार की शर्तें हटा दी और उसकी बहन की कुछ ही महीनों में शादी हो गई। आज उसकी बहन बहुत खुश है। आप सकारात्मक सोचें और साहस कर जल्द से जल्द कदम आगे बढ़ाए क्योंकि समय किसी का इंतजार नहीं करता अगर आपमें साहस है तो सफलता आपसे दूर नहीं रह सकती। वह भी आपसे मिलने के लिए लालायित रहती है। जरूरत बस एक ही चीज की है वह है आपके द्वारा कदम आगे करने की।

मैं आपको सी बिस्कुट और जार्ज वुल्फ की कहानी सुनाना चाहूंगा। सी बिस्कुट एक लंगड़ा घोड़ा था जो यूनाइटेड स्टेट में 23 मई 1933 से 17 मई 1947 तक रहा । इस घोड़े के नाम अनगिनत रिकॉर्ड हैं। यह घोड़ा 1937 से 1940 तक अजय रहा और सर्वाधिक कमाई करने वाला घोड़ा बना। इस घोड़े को यूएसए रेसिंग हॉल ऑफ फेम

में 1958 को शामिल किया गया। यह एक लंगड़ा घोड़ा होकर भी अनगिनत रेसो को अपने नाम करता गया क्यों? क्योंकि इसमें जुनून था। इसके जाकी और इसमें भावनात्मक संबंध था। यह अपने जाकी के लिए दौड़ता था और जाकी इसके लिए घुड़सवारी करता था। मैंने पहले ही बताया है कि लक्ष्य को प्राप्त करने का कारण जितना बड़ा होता है उतना ही लक्ष्य सहज हो जाता है। जॉर्ज वुल्फ वह था जिसने सी बिस्किट को चुना था। उसने उसे चुनने का साहस किया था जिससे दुनिया को सी बिस्किट मिला। आज दुनिया में रेसिंग के इतिहास में जार्ज वुल्फ और सी बिस्किट अपना नाम स्वर्णिम अक्षरों में लिखवा चुके हैं।

"चीजे खुद नहीं होती उन्हें करना पड़ता है।"

- जॉन एफ कैनेडी

किसी का यूं ही नाम नहीं होता, ना ही यूं ही नाम इतिहास में लिखा जाता है और ना यूं ही नाम अमर होता है उसके लिए त्याग करना पड़ता है जिसमें आपके वह हसीन लम्हे भी हो सकते हैं जिसे आपने अपने लक्ष्य को प्राप्त करने के लिए इसकी गाड़ी की भट्टी में झोंक दिया होता है। आपने गूगल के सीईओ सुंदर पिचाई का नाम जरूर सुना होगा जो कि एक भारतीय हैं। इस मुकाम पर आने के लिए उन्हें अपनी पत्नी से कई वर्षों तक दूर रहना पड़ा था। आप भी अगर अपना कदम आगे रखना चाहते हैं तो अपने में ही स्वयं से अपना स्वागत करें और हौसला अफजाई भी और आगे बढ़े।

सफलता पाने वाला बुद्धिमान हो जरूरी नहीं पर साहसी जरूर होता है।

"सीढ़ियां उन्हें मुबारक हो
जिन्हें छत तक जाना है
मेरी मंजिल तो आसमान है
रास्ता मुझे खुद बनाना है।"

-अज्ञात

आप क्या सोचते हैं अजी इतना मत सोचे एक चीज जान लें कि बिना पानी में उतरे तैरना कोई भी नहीं सीख सकता और ना ही नदी पार करना। आपने एक छोटा सा बच्चा देखा होगा। वह जब चलने की शुरुआत करता है तो कितनी ही बार गिरता है लेकिन वह तब तक गिरता रहता है जब तक पूर्ण रूप से चलने नहीं लगता और जब वह चलने लगता है तब फिर वह कभी नहीं गिरता । ऐसा ही कुछ साइकिलिंग, स्केटिंग, राइडिंग में भी हम देखते हैं पर हम उनसे सीखते नहीं। हमें डर लगा रहता है कि अमुक चीज करने से लक्ष्य नहीं मिला तो मेरी बेइज्जती होगी। समाज क्या कहेगा ? परिवार वाले क्या सोचेंगे ? इसलिए हम लोग साहस नहीं कर पाते और पहल करने से चूक जाते हैं। मैं उन सब के लिए डॉक्टर हरिवंश राय बच्चन की कविता को सुनाना चाहूंगा जो हमेशा ही नव युवकों को उत्साहित करती रहेगी।

"नन्ही चींटी जब दाना लेकर चलती है

चढ़ती दीवारों पर सौ बार फिसलती है

मन का विश्वास रगों में साहस भरता है

चढ़कर गिरना गिरकर चढ़ना ना अखरता है

मेहनत उसकी बेकार हर बार नहीं होती

कोशिश करने वालों की कभी हार नहीं होती।"

यह प्रेरणा रखकर हमें निश्चित ही पहल करने से नहीं चूकना है।

"कोई काम शुरू करने से पहले स्वयं से तीन प्रश्न कीजिए मैं यह क्यों कर रहा हूं? इसके क्या परिणाम हो सकते हैं? क्या मैं सफल हूंगा? और जब सोचने पर इन प्रश्नों के संतोषजनक उत्तर मिल जाए तभी आगे बढ़े।"

- चाणक्य

"जो भी आपने ठाना है वह अच्छा है, आपके लिए वह सही है और वह आपके लिए ही है। जरूरी यह है कि आप पहल कब करते हैं।"

- अतुल सिंह

कुछ भी जो भी आप करेंगे वह ही बड़ा है बस उसे आपको दिखाना पड़ेगा और यकीन मानिए आपको विश्वास होना चाहिए यह दुनिया आप पर विश्वास करेगी। अगर दुनिया में लोगों का मुंह बंद करना है तो सिर्फ अपने लक्ष्य के लिए कार्य करते रहो और अच्छे परिणाम देते रहो आप यह नहीं बोल सकते कि आप क्या करने जा रहे हैं आपको करके दिखाना ही पड़ेगा कि आप करने जा रहे हैं।

सारांश

इस दुनिया में सबसे बड़ा काम, काम को शुरू करना है जो कुछ साहस वह सकारात्मक विचार से शुरू किया जा सकता है परंतु अधिकांश लोग बहाने बनाते- बनाते निकल लेते हैं। जैसा कि मेरे नाना जी ने किया वह कारखाना लगाने की बात करते रहे पर लगा नहीं पाए। हम कई बार लड़ाई इसलिए नहीं लड़ते कि हमें सामने वाला ताकतवर लगता है और हम हार से बचने के लिए उसकी अधीनता स्वीकार कर लेते हैं जैसा जयपुर के राजा भारमल ने किया था । जिसने अपनी बेटी की शादी भी अकबर से करा दी थी । मात्र हार की संभावनाओं से ही हार मान लेना कायरों का काम है वहीं महाराणा प्रताप ने अधीनता को स्वीकार ना किया तथा अकबर के खिलाफ स्वाधीनता का परचम लहराया। राणा ने अकबर से विरोध की पहल की। आज राणा के लिए जनमानस में श्रद्धा है ना कि राजा भारमल के लिए । साहस रखें क्योंकि साहसी लोगों की ही दुनिया में पूजा होती है।

प्रतिकूलता की शक्ति को स्वीकार ना करें।

अंग्रेजों ने 250 वर्षो तक भारत को गुलाम बनाए रखा है। यदि जब अंग्रेजों ने भारत पर आक्रमण किया था तभी उन्हें सब मिलकर रोकते तो गुलामी तक बात नहीं आनी थी परंतु सभी रजवाड़े अपनी- अपनी बारी का इंतजार करते रहे और असाहस का परिचय देते गए। परिणाम एक-एक करके सभी पराधीन होते गए। साहसी ही विजय प्राप्त करते हैं इसलिए उन्हें पहल करनी थी जैसा मेरे गांव के कुंवर किसान ने सस्ते टमाटर होने पर भी टमाटर लगाएं और टमाटर महंगे हो गए जिससे उन्होंने काफी मुनाफा कमाया। विसलेरी के भारत जैसे देश में पानी बेचने की सोच लगभग 1960 में जब भारत भुखमरी से गुजरा था रखना लगभग पागल जैसा दिखता था पर आज वह कम्पनी डेढ़ करोड़ लीटर रोज का पानी निर्यात करती है। यह सब उसकी सोच और इस दिशा में पहल करने से संभव हो सका। पहल युद्ध के मैदान में गिलहरी के द्वारा राम सेतु के निर्माण में उसके द्वारा छोटे-छोटे कंकर डालना

हो सकती है जो विचारों की शक्ति को बढ़ाती है। हमें जानना चाहिए कि पहल करना मतलब साहस करना या विचारधारा को बदल डालना है। जिसका उदाहरण मेरे साथ ग्राउंड पर वर्कआउट कर रहे कल्लू ने रुखसार जैसी अप्सरा को पटाकर दिया था। अधिकांश लोग असफलता के डर से पहल नहीं कर पाते और बहाना मारते रहते हैं जिसमें समय, योजना, सहयोगी व मार्गदर्शक इत्यादि उसके कारण दिखाए जाते हैं परंतु जो लोग करना चाहते हैं वह संकुचित साधनों से भी अपने नजरिए के दम पर बड़े से बड़ा काम कर जाते हैं। जैसा मेरे साथ काम करने वाले मोहन कुमार ने किया था। वह सेना में नौकरी करते हुए भी लगभग 50 करोड़ की कंपनी के मालिक थे। हमें इतना नहीं सोचना चाहिए कि हम काम ही ना करें जैसा कि मेरे दोस्त ने अपनी बहन की शादी में वर के चयन में इतनी शर्ते लगा दी जिससे उसकी शादी ही रुक गई। बाद में बेवजह की शर्ते हटा लेने पर उसकी शादी हो गई और आज उसकी बहन खुश है ।हमें सकारात्मक सोच रखनी चाहिए क्योंकि लंगड़े घोड़े भी दौड़ते हैं । सी बिस्कुट नाम का घोड़ा जो 1947 तक रहा। उसका मैं जिक्र करना चाहूंगा । वह 1947 तक अजय रहा। वह सबसे अधिक कमाई करने वाला घोड़ा बना। 1958 में यूनाइटेड स्टेट हॉल आफ फेम में सी बिस्किट लिया गया और इतिहास में उसका नाम अमर हो गया। सफलता प्राप्त करने के लिए त्याग करना पड़ता है क्योंकि बिना त्याग के सफलता संभव नहीं है । गूगल के सीईओ जो एक भारतीय हैं वह कई वर्षों तक अपनी पत्नी से दूर रहे। हमें नन्हे बच्चे से सीखना चाहिए जब तक वह चलने नहीं लगता तब तक गिरता रहता है और जब वह चलने लगता है तब वह कभी नहीं गिरता। हम एक बेवजह के डर से ग्रसित होते हुए साहस नहीं रखते ना ही पहल करते हैं। यह डर है परिवार, समाज का जिसे आप निकाल कर फेंक दें और चींटी से शिक्षा लेकर आगे बढे।

"नन्ही चींटी जब दाना लेकर चलती है

चढ़ती दीवारों पर सौ बार फिसलती है

मन का विश्वास रगों में साहस भरता है

चढ़कर गिरना गिरकर चढ़ना ना अखरता है

मेहनत उसकी बेकार हर बार नहीं होती

कोशिश करने वालों की कभी हार नहीं होती।"

अतः आपकों बहानेबाजी छोड़ इस दुनिया को करके ही दिखाना पड़ेगा क्योंकि यह दुनिया कर्मियों को पूजती है, बातें करने वालों पर हंसती है।

प्रश्न

1. क्या आपने अपने लक्ष्य को प्राप्त करने के उद्देश्य से पहल की है?

2. आपको पहल करने में कितना समय लगा?

3. कितनी बार आपने राजा भारमल की तरह बिना लड़े ही हार मान ली ?

4. क्या आपके पास कोई अपनी पहल करने का यादगार किस्सा है जिसे आप सबको सुनाना चाहेंगे ?

हमें करना चाहिए

1. पहल करने में देरी ना करें।

2. पहल करने में बहाना ना ढूंढे।

3. साहसी बने, पहल करें और डर को उखाड़ फेंके।

4. याद रखें कार्य छोटा या बड़ा नहीं होता काम करना बड़ा होता है।

5. अपने नजरिए को विकसित करें और हमेशा आगे रहे।

6. बिना लड़े हार ना माने।

6. प्रकृति के रहस्य को न जानना

हमें वह सब प्रकृति ही दे सकती है जिसके हम अधिकारी हैं, दूसरा कोई नहीं।

सबसे बड़ी वस्तु जिसे हम नकारते रहते हैं या हम अपनी नासमझी के चलते उसे समझ ही नहीं पाते या उसके गूढ़ रहस्य को समझना ही नहीं चाहते। सबसे बड़ी ताकत, सबसे बड़ी शक्ति जो समूची दुनिया को भी कंट्रोल करती है। समूचे विश्व का भरण पोषण करती है । यह इतनी बड़ी और विशाल है कि हम सब इसी प्रकृति का एक हिस्सा हैं। इससे अलग कुछ भी नहीं है जो भी इस पृथ्वी पर है वह प्रकृति का ही एक अंग है और प्रकृति अपने नियमानुसार हमारा भरण पोषण करती है। जब हम अपने जीवन यापन के लिए कुछ भी उससे डिमांड करते हैं तो यह बिना कुछ सोचे इसे पूरा करती है। यह हमारे द्वारा मांगी गई वस्तु नौकरी, प्रेम, शादी,घर, बच्चा, रिश्ते, कार, महंगी वस्तु या अच्छे दोस्त कुछ भी हो सकता है। प्रकृति हमें वह सब दे देती है जो भी हम उससे मांगते हैं। यह तथ्य बिल्कुल सत्य है । इसे हम यूं सिद्ध कर सकते हैं। जैसे- एक बच्चा अपनी मां से दूध मांगता है जो अभी वह बोल भी नहीं सकता है पर वह रोने लगता है। यह वह बिंदु है जिसे उसकी मां जानती है इसलिए वह अपने बच्चे को दूध पिलाने लगी है। आप अपने को बच्चा समझ ले और इस प्रकृति को अपनी मां। अब आपको कुछ चाहिए तो अपनी प्रकृति मां से रोए, मांगे। प्रकृति अवश्य ही वह वस्तु देगी।

आप जैसे विचार करेंगे वैसे ही आप हो जाएंगे अगर आप अपने आप को निर्बल मानेंगे तो आप निर्बल बन जाएंगे और यदि आप अपने आप को समर्थ मानेंगे तो आप समर्थ बन जाएंगे।

मुझे हमेशा से ही अपनी प्रकृति, संस्कृति और हिंदू धर्म से प्यार रहा है। हिंदू संस्कृति व धर्म विश्व का सबसे पुराना धर्म माना जाता है । हमारी संस्कृति में अनेकों पेड़ों, वृक्षों, गाय, जीवो , जंतुओं , प्रकृति संपदाओ, नदियों व पंचतत्व आदि की पूजा चलती आ रही है। यह इस बात की घोतक है कि हमारे पूर्वज इस बात को जानते थे कि प्रकृति ही हमारा भरण पोषण कर रही है। हम भारतीय कई त्यौहार मनाते हैं जिनमें से अधिकांश प्रकृति के हैं जैसे वट सावित्री, करवा चौथ , छठ माता , पूर्णिमा, अमावस्या, मोनी स्नान इत्यादि। वर्तमान से हटकर हमें अपने स्वर्णिम इतिहास की तरफ रुख करना चाहिए जिसमें ऋषि मुनि व मनुष्य सब देवी देवताओं की पूजा करते थे। उन्होंने शास्त्रों की रचना की। इन्ही शास्त्रों में कहा गया है कि सब ईश्वर एक है। वह हर जगह व्याप्त है, कण-कण में रहता है, हममे, तुम में , जमीन में, नभ में, सजीव में और निर्जीव में। जरा सोचो यह तथ्य किसकी तरफ इशारा कर रहा है। निसंदेह प्रकृति की तरफ ही। वही सर्वे सर्वा है। वही देवी है, वही देवता है, वही सर्वशक्तिमान है और सर्वगुण संपन्न है। जब हम पूजा अर्चना करते हैं तो उस प्रकृति की ही करते हैं और उससे मनसा जाहिर करते हैं। जब प्रकृति जिसे ईश्वर कहते हैं हमें वह वस्तु दे देती है तो हम खुश होते हैं और हम ईश्वर को सच्चा कहते हैं। मैं आपको प्रकृति के नियम का मेरे ऊपर कैसे लागू हुआ उसका जीवंत उदाहरण देना चाहूंगा। मैं एक मध्यम परिवार से ताल्लुक रखता था। जब मैं अपना ग्रेजुएशन कर रहा था तभी मुझे नौकरी की जरूरत थी। मगर में किस नौकरी की तरफ जाऊं मुझे कुछ पता नहीं चल रहा था। मेरे ताऊजी के लड़के और मेरे बड़े भाई श्री संदीप सिंह जो पहले ही सेना में भर्ती हो चुके थे मैं उनकी तरफ आकर्षित हुआ। मैं उनके सम्मान को देखकर खुश होता था और मन ही मन मैं भी सेना में ही जाने की सोचता रहता था । अब वह

समय आ चुका था जब सेना की तैयारी की जाए क्योंकि सेना में भर्ती होने की उम्र 17 वर्ष 6 महीने से लेकर 23 वर्ष तक ही रहती है। क्योंकि मैं काफी हेल्दी था इसलिए सेना की रेस निकालना मेरे लिए काफी कठिन था। मैंने पूरा मन बना लिया था कि मुझे सेना में ही जाना है अतः प्रकृति ने मेरी मदद की। उसने मेरे लक्ष्य की सफलता के उद्देश्य से मुझे रवि दुबे जैसा परम प्रिय मित्र व मेरा मार्गदर्शक दिया जिसने हर कदम पर मेरा साथ व मार्गदर्शन किया। रवि दुबे के अथक परिश्रम का फल यह हुआ कि मैं सेना में टेक्निकल ट्रेड के साथ भर्ती हो गया। कहते हैं ना इच्छा और लालसा बढ़ती रहती है अतः मैं अब उन्नति करना चाह रहा था तो मेरी पदोन्नति भी हो गई। पदोन्नति के बाद मेरी शादी की बात चलने लगी। रिश्ते आने लगे। मुझे पढ़ी-लिखी, समझदार व सहनशील पत्नी की इच्छा थी जो पूरे घर को लेकर चले। मुझे परिणाम स्वरूप एक समझदार पत्नी का साथ मिला। शादी के बाद मुझे जल्द से जल्द एक बच्चा चाहिए था। यह इच्छा मेरे लड़के आराध्य प्रताप सिंह के रूप में पूरी हो गई। एक बच्चे के बाद परिवार को पूरा करने की जिम्मेदारी भी आई जो आर्ष प्रताप के रूप में पूरी हो गई। आज तक मैंने जो भी चीज चाही वह सब पूरी हो गई थी और मेरे पास थी। वह चीजें मेरे पास नहीं थी जो मैंने कभी नहीं चाही या मांगी थी। प्रकृति हमको वह सब देती है जो हम उससे मांगते हैं।

यह बात हमें अच्छी तरह समझ लेना चाहिए कि प्रकृति और ईश्वर अलग नहीं है यह एक ही है यदि यह अलग है तो यह बस हमारी सोच हो सकती है।

हमारे सेना में एक कहावत बहुत ही प्रचलित है मां उसे दूध पिलाती है जो बच्चा रोता है अतः हमें भी प्रकृति से मांगना चाहिए। यह कभी मत सोचिए , होगा कि नहीं होगा। प्रकृति के पास अपार संपदा है। वह हमारी मांग को जरूर पूरा करती है। वह कभी भी मना नहीं करती। यही तो ईश्वर का नियम है । आपने अनेकों कहानियां सुनी होंगी जिसमें राक्षस देवी- देवताओं, त्रिदेव की पूजा करके उन्हें प्रसन्न कर मनवांछा वरदान प्राप्त करते हैं। अपार शक्ति प्राप्त कर

वह सभी को आतंकित कर देते हैं। स्वर्ग पर आधिपत्य जमा देते हैं। फिर ईश्वर को ही उन की समाप्ति का उपाय खोजना पड़ता है। अब सोचने की बात यह है कि प्रकृति या ईश्वर को पहले से ही जब सब पता था तो वह ऐसा वरदान क्यों देते हैं? कि राक्षस देवताओं से भी अधिक ताकतवर हो जाते हैं इसका एक ही उत्तर है की प्रकृति या ईश्वर अपना नियम नहीं बदलते । इनके शब्दकोश में न शब्द नहीं है वह तो बस एक ही शब्द जानती है " तथास्तु"।

प्राकृति = ईश्वर

अब आप प्रकृति के नियम को समझ गए होंगे। मैं आपको कुछ तथ्य बताने जा रहा हूं जिससे आप अपनी बात को प्रकृति को बता सकते हैं और उसे पूरा करा सकते हैं।

1. आपको जिस चीज की जरूरत हो उसको किसी कॉपी पर लिख ले, उसका चित्र बना ले।

2. उसे बार बार सोचे।

3. जब किसी सोच में आपका अनुभव मिल जाता है तो वह विचार बन जाता है अतः सकारात्मक विचारों का सृजन करें ।

4. जिस चीज़ को चाहते हो उसे महसूस करें।

5. जिस चीज को प्राप्त करना चाहते हो उसे समय सीमा से बांध दे। जैसे – अगर आप नयी मर्सिडीज कार लेना चाहते हैं तो उसे आगामी महीनों या आगामी वर्ष तक के समय से बांधे जिससे वह चीज आपको सुनिश्चित रूप से निश्चित समय में मिल सके।

6. हो सकता है कुछ अड़चन हो, कुछ बाधाएं आए पर कोई चीज हो ना यह नहीं हो सकता अतः सब्र रखें। आप जो चाहते हैं वह आपको मिलेगा बस हो सकता है कि आपको एक से अधिक बार प्रयास करना पड़े।

7. जो भी चीज आपको चाहिए उसके लिए योजना बनाएं और काम में जुट जाएं।

8. आपको यकीन होना चाहिए कि यह होगा। अमूक वस्तु आपको मिलेगी मतलब आपको मिलेगी ही।

9. असफलता सफलता के पहले का पायदान है इसलिए इसे नहीं चखा तो क्या चखा। एक जैसा रुख रखें सफलता जरूर मिलेगी बस हार ना माने, आप अवश्य विजयी होंगे।

अगर आपमें आत्मविश्वास का एक छोटा सा कण भी है तो आप विजेता है।

सब कुछ आप पर निर्भर करता है। आपके विश्वास पर निर्भर करता है । अब हम समझ गए हैं कि हम पर ही हर एक चीज निर्भर करती है कि हमें क्या चाहिए ? हमारे पास क्या है? और क्या होगा ? इसलिए विचार जो हम हैं उसे बनाती है। विचारों की शक्ति हमें जाननी चाहिए और इसके सिद्धांत भी। मैं उन तथ्यों को उजागर करने जा रहा हूं जो हमारे विचारों पर अपना प्रभाव रखते हैं।

1. नकारात्मकता से जुड़े रहना

"नकारात्मक दृष्टिकोण ही जीवन की एकमात्र विकलांगता है।"

- स्कॉट हैमिल्टन

अमूमन हम सभी एक जैसे ही हैं। हम कोई काम करने से पहले उसकी कमी देखते हैं । काम होने के बाद क्या कमी होगी? यह सोचते हैं और काम किस कमी के चलते नहीं हो पाएगा? ऐसी सोच रखते हैं। हमारा माहौल ही नकारात्मकता से भरा होता है।

इसका उदाहरण त्रेता युग के महान ग्रंथ रामायण से भी मिलता है जिसको हम यूं समझ सकते हैं। जिस केकयी को राम अत्यधिक प्रिय थे। आज मंथरा जैसी दासी के बहकावे में, उसके नकारात्मक विचारों में आकर के मां कैकेयी का हृदय परिवर्तित हो जाता है वह यह जानते हुए कि महाराज दशरथ अपने पुत्र राम के विछोह को ना सहन कर सकेंगे। फिर भी राम के लिए वनवास मांग लेती

है। जो दशरथ की मृत्यु का कारण बनती है। एक नकारात्मक विचार चक्रवर्ती सम्राट की मृत्यु का कारण, भाइयों में मतभेद का कारण, महारानीयों में द्वेष का कारण, मां कैकेयी और भरत में अनबन का कारण और प्रभु राम के वनवास का कारण बनता है। जब एक दासी के नकारात्मक विचार चक्रवर्ती सम्राट दशरथ जैसे प्रचंड विद्वान व बलशाली व्यक्ति और उनकी महारानी को अपने प्रकोप से नहीं छोड़ता है फिर आज्ञानियों की क्या कह सकते हैं? अतः हमारे विचार कैसे सकारात्मक हो सकते हैं? हमें यह सोचना होगा हमें नकारात्मक सोच से बचना होगा और सोचना होगा कि हम जो काम कर रहे हैं वह अच्छा है, अच्छे के लिए तथा अच्छे परिणाम देने वाला है।

2. सकारात्मक विचारों की कमी

सकारात्मक विचार के माध्यम से हम अपने को कुछ भी लक्ष्य दे सकते हैं और उसे पूरा करा सकते हैं। यह वह माध्यम है जिससे हम असंभव दिख रहे कार्य को भी संभव बना देते हैं। अमूमन हम अपने लक्ष्य को इसकी कमी के चलते नहीं भेद पाते

"अब तक की सबसे बड़ी खोज यह है कि व्यक्ति महज अपना दृष्टिकोण बदल कर अपना भविष्य बदल सकता है।"

- ओप्रा विनफ्रे

एक सकारात्मक विचार उस चिंगारी के समान है जो पूरी जिंदगी बदल सकती है तथा आने वाली नस्लों तक को भी बदल सकती है। मैं यहां पर महान वैज्ञानिक स्टीफन हॉकिंस की कहानी बताना चाहता हूं जो दुनिया के भौतिक विज्ञान में आइंस्टीन के बाद सबसे बड़े बुद्धिजीवी वैज्ञानिक थे । स्टीफन हॉकिंस का जन्म 8 जनवरी 1942 को इंग्लैंड में हुआ था । वह 21 साल की आयु में मोटर न्यूरान नामक रोग से ग्रसित हो गए। डॉक्टर ने बताया कि वह 2 से 3 साल तक ही जी सकेंगे। धीरे-धीरे शरीर की सभी मांसपेशियां काम करना छोड़ देती हैं। बस उनका दिमाग काम करता रहा। वह लगभग आखरी समय तक कैंब्रिज यूनिवर्सिटी में गणित व

सैद्धांतिक भौतिकी के प्रोफेसर के रूप में पढ़ाते रहे। उन्होंने ब्लैक होल और जनरल रिलेटिविटी पर काम किया। उन्होंने "ए ब्रीफ हिस्ट्री ऑफ टाइम" नामक पुस्तक लिखी जो बेस्ट सेलर बुक बनी। उन्हें अमेरिका का सर्वोच्च सम्मान 2002 में दिया गया। 14 मार्च 2018 को वो 76 वर्ष की आयु में स्वर्ग सिधार गए। उन्होंने अपने जीवन से पूरी मानव जाति को इच्छाशक्ति व सकारात्मक विचार की शक्ति का जो पाठ पढ़ाया है वह कोई दूसरा नहीं पढ़ा सकता। अतः दृढ़ इच्छाशक्ति और सकारात्मक सोच क्या नहीं कर सकती? यह हमें स्टीफन ने बहुत ही अच्छी तरह से पढ़ाया है। जिसे डॉक्टरों ने केवल 2 से 3 वर्ष जीवित रहने का दावा किया था वह इस दुनिया में 76 वर्ष जीवित रहा और अपनी अनमोल खोज इस दुनिया को उपहार के रूप में देकर चला गया। आपको विश्वास करना चाहिए जिन्होंने कुछ भी किया है वह बस अपने सकारात्मक विचारों के दम पर किया है।

"व्यक्ति अपने विचारों से निर्मित प्राणी है जो वह सोचता है वही बन जाता है।"

- महात्मा गांधी

एक बार एक चोर पकड़ा गया यह घटना लखनऊ के आसपास की है। उसे पुलिस स्टेशन लाकर दरोगा जी ने उसे पानी पीने को दिया। पानी पीने के बाद दरोगा ने उससे बड़ी तसल्ली से उसके घर, परिवार, गांव इत्यादि के बारे में पूछा। चोर ने उन्हें सब कुछ सच-सच बता दिया। फिर दरोगा ने उससे चोरी का कारण पूछा तो वह कुछ शांत हो गया। कुछ देर बाद दरोगा ने उसे दोबारा पानी का गिलास दिया और बिना डरे, बिना हिचक के सच- सच बोलने को बोला। कुछ देर शांत रहने के बाद चोर बोला," साहब गीता में कहा है, सब अच्छा है तुम कर्म करो फल की चिंता मत करो, सब ठीक है, कुछ भी गलत नहीं है। सब भगवान ही कराते हैं।" चोर की बात सुनकर दरोगा जोर से बोलता है, "अच्छा यह तुमने गीता में पढा है।" इस पर चोर बोलता है, "नहीं साहब मैंने तो सुना है।" दरोगा, " किससे सुना है?" चोर," किससे सुनेंगे साहब ? हमारे गुरु ने बताया था जिसने मुझे चोरी करना सिखाया ।" यह सुनकर दरोगा

जोर से हंसने लगता है और पास में खड़े बाकी सिपाही भी । इस उदाहरण से पता चलता है कि लोग कैसे अपने मतलब के लिए अर्थ का अनर्थ निकाल लेते हैं। सकारात्मक सोच का मतलब मानव, समाज व स्वयं का भला करना है ना की किसी का बुरा करना।

"हम जो सोचते हैं वही बन जाते हैं।"

- गौतम बुद्ध

"सकारात्मक सोचे, अच्छा सोचें , इसकी शक्ति समझे और आगे बढ़ते रहें।"

- अतुल सिंह

सारांश

प्रत्येक इंसान प्रकृति से जुड़ा हुआ है या यूं कहें कि इंसान भी प्रकृति का ही एक हिस्सा है। सबसे बड़ी शक्ति जो सर्वे सर्वा है वह प्रकृति ही है जिसे हम भिन्न-भिन्न रूपों में पूजते हैं । हिंदू धर्म के अनुयायी प्रकृति के पशु, पक्षी, वृक्ष ,जीव, जंतु, नदियों, पंचतत्व इत्यादि की पूजा करते हैं जो इस बात की प्रमाणिकता है कि वह प्रकृति के रहस्य को पूर्ण रूप से पहले से ही जानते हैं। हम जो भी प्रकृति से डिमांड करते हैं प्रकृति उसे पूरा करती है जिसका उदाहरण मैं स्वयं हूं। मेरी नौकरी से लेकर, शादी , बच्चे वह सब जो मैंने चाहा था आज मेरे पास है और मेरे पास नहीं है तो वह जिसे मैंने कभी भी नहीं चाहा था। हमें समझना चाहिए कि प्रकृति ही भगवान है जिस प्रकार मां अपने बच्चे को उसके रोने पर ही दूध पिलाती है उसी प्रकार प्रकृति भी हमें बिना मांगे कुछ नहीं देती इसलिए हमें प्रकृति से बेझिझक मांगना चाहिए। प्रकृति सब कुछ पूरा करती है। यद्यपि वह जानती है कि राक्षस लोग उसके द्वारा अर्जित शक्तियों का दुरुपयोग करेंगे फिर भी प्रकृति उन्हें मना नहीं करती क्योंकि यही उसका नियम है जो वह नहीं बदल सकती है । हमें प्रकृति से कुछ पाना है तो उसके कुछ प्रमुख तथ्य हैं उनको जानना अनिवार्य है। जैसे-

1. अपनी वांछित वस्तु को किसी नोटबुक पर लिखना।

2. बार बार उस वस्तु के बारे में सोचना।

3. सकारात्मक सोचना ।

4. उस वस्तु को अनुभव करना।

5. उस वस्तु को समय सीमा से बांधना ।

6. वांछित वस्तु के लिए कारगर योजना बनाना ।

7. सब्र करना, अड़चनों से ना घबराना।

8. असफलता से ना घबराना ।

9. विश्वास रखना की चीज आपको मिलना ही है।

इन तथ्यों से आप प्रकृति से बड़ी से बड़ी वस्तु मांग कर सकते हैं और वह आपकी मांग जरूर पूरा करेगी। प्रकृति से अपनी मांग पूरा कराने में हमारे विचारों का अहम योगदान होता है अतः हमें विचारों की शक्ति जाननी चाहिए क्योंकि प्रकृति हमको नहीं हमारे विचारों को जानती है। हमारे विचारों को प्रभावित करने वाले दो प्रमुख तथ्य हैं। हमें इनको भी जानना होगा।

1. नकारात्मकता से जुड़े रहना

हम काम करने से पहले कमियां निकालते हैं और काम करते ही नहीं हैं जबकि सकारात्मकता के साथ काम करना चाहिए। एक नकारात्मक विचार चक्रवर्ती सम्राट की मृत्यु का कारण, भाइयों में मतभेद का कारण, रानियों में द्वेष का कारण, मां कैकेयी और भरत में अनबन का कारण और प्रभु राम के वनवास का कारण बनता है। जब एक दासी के नकारात्मक विचार चक्रवर्ती सम्राट दशरथ जैसे प्रचंड विद्वान व बलशाली व्यक्ति और उनकी महारानियां को अपने प्रकोप से नहीं छोड़ता है फिर अज्ञानियों की क्या कह सकते हैं? अतः हमारे विचार कैसे सकारात्मक हो सकते हैं? हमें यह सोचना होगा। हमें नकारात्मक सोच से बचना होगा और सोचना होगा कि हम जो काम कर रहे हैं वह अच्छा है, अच्छे के लिए तथा अच्छे परिणाम देने वाला है।

2. सकारात्मक विचारों की कमी

सकारात्मक विचार के माध्यम से हम अपने को कुछ भी लक्ष्य दे सकते हैं और उसे पूरा करा सकते हैं। यह वह माध्यम है जिससे हम असंभव दिख रहे कार्य को भी संभव बना देते हैं । हम अपने लक्ष्य को इसकी कमी के चलते नहीं भेद पाते। हमें वैज्ञानिक स्टीफन हॉकिंस से उनके सकारात्मक रवैया से सीखना चाहिए कि कैसे उन्होंने मौत को मात दे दी? और अपने 3 वर्ष के जीवन को 76 वर्ष तक जिए। स्टीफन ना जिए बल्कि उन्होंने मानव जाति के लिए महानतम खोजें की। वह अमेरिका के सर्वोच्च सम्मान से नवाजे गए। इस उदाहरण से हमें सकारात्मक विचारों की शक्ति का पता चलता है अतः हमें अपने जीवन में सकारात्मक विचार

अपनाने चाहिए जो हमारे जीवन को बदल दे मगर उस चोर की भांति नहीं जिसे उसके चोर उस्ताद ने भगवान के एक श्लोक का अनर्थ बताकर उसे चोरी करना सिखा था। वह सकारात्मक विचार नहीं है। सकारात्मक विचार तो स्वयं का, मानव जाति का , देश व समाज का भला करना है ना कि अहित करना इसलिए सकारात्मक विचारों के साथ आगे बढ़े और प्रकृति से अपनी इच्छाएं पूरी करने को कहें ।

"सकारात्मक रवैया सचमुच आपके सपने सच कर सकता है इसने मेरे सपने सच किए हैं ।"

- डेविल बेले

प्रश्न

1. क्या आप प्रकृति के रहस्य को जानते हैं?

2. क्या आप जानते हैं ईश्वर ही प्रकृति का दूसरा रूप है?

3. आपने प्रकृति से क्या-क्या मांगा और क्या-क्या पाया उसको सूचीबद्ध करें?

4. प्रकृति, मानव और विचारों का आपस में क्या संबंध है?

5. आपको स्टीफन हॉकिंस के जीवन से क्या सीख मिलती है?

हमें करना चाहिए

1. प्रकृति के गूढ़ रहस्य को जानना चाहिए और उसका गूढ़ मनन करना चाहिए ।

2. हमे जो भी प्रकृति ने दिया है उसके लिए उसका शुक्रगुजार होना चाहिए।

3. प्रकृति अपार संपदा रखती है उससे मांगते वक्त संकोच नहीं करना चाहिए।

4. नकारात्मक विचारों से बचना चाहिए।

5. सकारात्मक विचारों की शक्ति जाने और आगे बढ़े।

6. हमें स्टीफन हॉकिंस के जीवन से उनके सकारात्मक विचारों के लिए उनसे प्रेरणा लेनी चाहिए।

7. समय के अनुसार न चलना

समय के अनुसार न चलने के कारण हम समाज के अनुरूप आगे नहीं बढ़ पाते । समय को पहचानते हुए हमें अपनी रणनीति तैयार करनी चाहिए। समय और समाज की मांग के अनुसार ही हमें कार्य करना चाहिए। हमें अपना उद्देश्य और लक्ष्य दोनों ही समय को ध्यान में रखकर के निर्धारित करने चाहिए। ऐसा करने से हमारे सफल होने में ज्यादा दुविधा नहीं रह जाती है।

एक समय की बात है। दो लड़के थे रोहन और श्यामू। वह एक कस्बे में रहते थे। कस्बे से दूर एक नदी थी। वहां पर वह नदी ही एक पानी का स्रोत था। सभी कस्बे के निवासी उसी पानी पर आश्रित थे। जब यह दोनों लड़के बड़े हुए तो दोनों ही उस नदी से पानी लाते और कस्बे में बेच देते थे। दोनों ही पानी से रुपए कमाने लगे। धीरे-धीरे सब कस्बे वालों ने नलका लगवा लिया तो उनसे पानी खरीदने वालों की संख्या में कमी आ गई। श्यामू यूं ही पानी लाने में लगा रहा जबकि रोहन ने अपने खेत में एक प्यूरीफाइड वॉटर प्लांट खोल लिया। रोहन ने इस बात के लिए पूरे कस्बे को जागरूक किया कि गांव में जो भी डायरिया, बैक्टीरिया, निमोनिया व दस्त इत्यादि रोग गंदे पानी पीने की वजह से ही हो रहे हैं। कुछ महीने लग गए अब धीरे-धीरे लोग जागरूक होने लगे और प्यूरीफाइड वॉटर की तरफ आकर्षित होने लगे। देखते ही देखते उसके पानी की डिमांड कस्बे और कस्बे से बाहर तक होने लगी। अब रोहन लखपति बन चुका था जबकि श्यामू कुछ न कर सका। सबसे पहले हमें यह समझ लेना चाहिए कि परिवर्तन सृष्टि का नियम है वह कभी नहीं रुक सकता। वह चलता ही रहता है। मनुष्य की जरूरत ही विज्ञान की जननी है। मनुष्य अपनी जरूरत के अनुसार चीजें बनाता रहता है। जैसे- रेलगाड़ी, साइकिल, मोटरसाइकिल, कार, प्लेन, मोबाइल, कंप्यूटर, कारखाने, मशीनें,

जेसीबी व क्रेन इत्यादि। विज्ञान मनुष्य की जरूरत का ही परिणाम है। पहले घर मिट्टी के होते थे, फिर लकड़ी के, फिर पत्थर के और आज स्टील की बिल्डिंग बन रही है। हर चीज बदलती जा रही है हमें भी इसके साथ बदलना है। अपडेट रहना है। समय के अनुसार चलना है। जो समय के अनुसार नहीं चलता वह उन्नति के पथ से विमुख चलने लगता है। समय हमेशा गतिशील रहता है। हमें इस तथ्य को समझना होगा और अपने को समय अनुसार बदलते रहना होगा। मैंने आपको बिसलेरी के संस्थापक प्लेस बिसलेरी की कहानी बताई थी। उन्होंने समय को समझा और पानी बेचने का कारोबार शुरू किया आज बिसलेरी प्रतिदिन डेढ़ करोड़ लीटर पानी बेचती है। क्या किसी ने सोचा था कि बिसलेरी डेढ़ करोड़ लीटर पानी एक दिन में बेच सकेगी? शायद नहीं लेकिन आज यह सच है और बेसलेरी सबके सामने बेच रही है । जिसने भी सफलता पाई है वह यूं ही नहीं मिली उसके लिए उन्हें सबसे पहले समय के अनुसार बदलना पड़ता है और समय की आवश्यकता को पूरा करना पड़ता है। मान लीजिए अगर आपके पास आपका कोई लक्ष्य है तो उसे आप प्राप्त करने के लिए क्या करेंगे? जरा दिमाग पर जोर डालें और सोच समझ कर जवाब दें । निसंदेह उसके लिए अपनी कारगर योजना बनाएंगे और फिर लगन के साथ अपने लक्ष्य को प्राप्त करने के उद्देश्य से लग जाएंगे। लगन से लगने का अर्थ है अपना अमूल्य समय ज्यादा से ज्यादा उस लक्ष्य को देना जिसे आप प्राप्त करना चाहते हैं । जब मैं सेना की तैयारी कर रहा था तो मुझे ना चाह कर भी सुबह जल्दी उठना पढ़ता था और अभिमन्यु ग्राउंड पहुंचना पढ़ता था। जहां मैं दौड़ की तैयारी करता था। एक दिन में कुछ लेट हो गया तो मुझे दुबे ने बहुत फटकार लगाई थी। उसने तो मुझे “तुम टाइम पास कर रहे हों”, तक कह दिया था और अगर समय का पंचवल ना बना तो मेरा भविष्य अंधकारमय होगा, तक की धमकी दे दी थी। उसने मुझे कुछ इस तरह से सीख दी थी।

समय का पंचवल = सफलता के लिए तैयार

उसका कहना बिल्कुल स्पष्ट था की अगर तुम समय के पंचवल नहीं हो सकते तो तुम अपने लक्ष्य को पाने के लिए अभी तैयार नहीं हो । आदमी यह चाहता है, वह चाहता है पर करना कुछ नहीं चाहता अगर करना नहीं चाहता तो कैसे बन सकता है? कैसे अपना लक्ष्य प्राप्त कर सकता है? पाने के लिए देना पड़ता है। अपनी खुशियों का त्याग करना पड़ता है। लक्ष्य को समय देना पड़ता है और उसमें तपना भी पड़ता है। मैंने कल परसों एक अखबार देखा। यह पंजाब का दैनिक भास्कर अखबार था जिसमें मुख्य पेज में पांच बहनों का चित्र छपा था। जिन्होंने एक साथ राजस्थान की सिविल एग्जाम को क्लियर कर पूरे देश में ख्याति प्राप्त कर ली थी। पर क्या यह यूं ही हुआ होगा? शायद नहीं यह कोई खिलवाड़ तो नहीं है। एक बड़ा लक्ष्य वह भी सभी का एक साथ चयन होना उससे भी बड़ा लक्ष्य हो जाता है। फिर हमें सोचना चाहिए कि वह सभी समय के प्रति कितनी सजग रही होंगी। उन्होंने अपना क्या-क्या त्याग किया होगा तब जाकर वह इस मुकाम पर पहुंची होंगी।

हमारी सबसे बड़ी लड़ाई खुद से है। खुद को यकीन दिलाएं कि आप जैसा इस दुनिया में और दूसरा कोई नहीं है।

अधिकांशतः हमें ही नहीं पता होता कि हम क्या कर रहे हैं? और हमें क्या करना चाहिए? हमारे लिए क्या सही है? क्या गलत है? इसका निर्णय हम नहीं ले पाते बस जन्म ले लिया। बड़े हो गए, खा लिया, पी लिया , सो लिया, ज्यादा से ज्यादा टहल लिया, घूम लिया, एक छोटी-मोटी नौकरी कर ली, शादी कर ली , बच्चे पैदा कर लिए और घर का खर्च उठा लिया इत्यादि बस ऐसे- ऐसे ही हम पूरा जीवन व्यतीत करके आखिर में मर जाते है। जरा सोचे यह सब तो एक रेंगने वाला कीड़ा भी करता है फिर हममें और उसमें क्या अंतर है। हमारी सबसे बड़ी कमी यह है कि हम अपने को ही समय नहीं देते हैं हम अपनी आवाज को हमेशा दबा कर रखते हैं और दूसरे की ही सुनते रहते हैं। हम अपनी पूरी जिंदगी दूसरों के लिए ही जी कर चल देते हैं। ना हम अपनी सुनते हैं ना कभी अपने मन

की कर पाते हैं। है ना हम मूर्ख और वह भी बड़े वाले मूर्ख। इससे बड़ी मूर्खता क्या हो सकती है?

हमारी सबसे बड़ी कमी यही है कि हम खुद को समय नहीं देते।

हमें सबसे पहले कुछ अहम कदम उठाने होंगे। सबसे पहले एक सुनिश्चित समय निकाले। यह वह समय होगा जब केवल और केवल आप अपने बारे में सोचेंगे, केवल और केवल स्वयं के बारे में। इस समय आप कुछ प्रमुख बिंदुओं को ले सकते हैं या ले सकती हैं। जैसे-

1. पूरे दिन में लगभग एक समय सुनिश्चित करें जब आप केवल अपने को ही समय दें।

2. इस समय आप अपने बारे में सोचें ।

3. कार्य, उनकी उन्नति, रुकावटें और समाधान के बारे में सोचें ।

4. आगामी लक्ष्यों को साधे।

5. अपनी खुशी, संतुष्टि के लिए सोचे ।

6. जो अच्छे पल आपकी जिंदगी के हैं उनके बारे में सोचें।

7. अपने इष्ट भगवान का ध्यान करें ।

8. महसूस करें कि भगवान आपके साथ है और आपसे बात कर रहे हैं।

9. आप अपने भगवान को अपनी परेशानियों के बारे में बताएं।

10. भगवान से उन्हें दूर करने का उपाय या दूर करने को कहें।

11. आप सब कुछ भूल जाएं और शांति को महसूस करें।

यदि आप इतना करते हैं तो आप में एक अपार ऊर्जा का सर्जन होगा जिससे आप बड़े से बड़ा लक्ष्य भेद पाएंगे। समय का आप तभी सदुपयोग कर पाओगे जब आप यह जान जाए कि आप क्या कर रहे हैं? आप चाहते क्या हैं? आप क्या हैं? इसलिए इन तीन

प्रश्नों का उत्तर हमें ढूंढ लेने चाहिए। जब आपको यह उत्तर मिल जाएंगे तो आप उन सब को उत्तर दे सकेंगे जो आप पर प्रश्न करते हैं।

भगवान पत्थर की शिला पर बैठे मंद मंद मुस्कुरा रहे थे। पत्थर की शिला के पास ही भगवान के अनन्य भक्त हनुमान जी प्रभु के चरणों में रमे हुए थे । सभी शांत मुद्रा में प्रभु की तरफ देख रहे थे। सुग्रीव कुछ व्यथित नजर आ रहे थे। काफी सोच-विचार करने के उपरांत वह प्रभु की तरफ दोनों हाथों से नमस्कार मुद्रा में खड़े हो गए और अपनी झिझक दूर करते हुए आग्रह पूर्व बोलते हैं, "प्रभु मुझे कुछ संशय है। कृपया आप मेरा संशय समाप्त करें।" मित्र की बात सुनकर प्रभु हंसने लगे," हां जरूर मित्र" और बोलने का इशारा दिया। सुग्रीव," प्रभु आप तो अंतर्यामी हैं फिर भी आपने अंगद को रावण के पास क्यों भेजा है? आप तो जानते ही हैं कि रावण हमारे शांति प्रस्ताव को पहले ही ठुकरा चुका है । वह एक अनन्य दुष्ट राक्षस है।" सुग्रीव की बात सुनकर प्रभु मुस्कुराने लगे और कुछ देर में गंभीर होते हुए बोले," मित्र समय और नियति दोनों ही आपस में मिले हुए हैं। विधि ने पहले से ही किस समय की क्या नियति होगी निर्धारित कर रखी है। जिसमें किसी का कोई हस्तक्षेप नहीं रहता। आज हमने अंगद को इसलिए भी रावण के पास संधि के लिए भेजा है कि कल को कोई नियति पर प्रश्न ना खड़ा कर सके कि रावण के पास अपने बचाव का समय ना था । इसलिए यह अति आवश्यक था, मित्र।" भगवान की बातों से हमें सीख लेनी चाहिए कि समय सबको मिलता है , अपने सुधार का, उपयोग का, प्रयोग कर जीवन को लक्ष्य प्राप्त करने का, अपने को जानने का और अपनी पहचान बनाने का पर हम इसका उपयोग कैसे करते हैं ? यह हम पर निर्भर करता है। यदि रावण चाहता तो समय का उपयोग करके वह प्रभु की कृपा का पात्र बन सकता था परंतु उसने समय की मांग को नजरअंदाज किया और बुरे अंत को प्राप्त किया। मैंने यहां रावण का उदाहरण ऐसे ही नहीं दिया है उसके बारे में वर्णित है कि वह महान ज्ञानी था। मैं इस उदाहरण से बताना चाहता हूं कि महान से महान ज्ञानी पुरुष भी समय का सदुपयोग नहीं कर पाता है।

समय का सबसे अच्छा सदुपयोग यही है कि आप अपने आपको समय के अनुसार बदलते रहे।

रावण ने अपने को समय के अनुसार ना बदला और वह मिटा दिया गया। प्रकृति का यही नियम है। आपको अस्तित्व में रहना है तो अपने को समय के अनुसार बदलते रहना होगा । अपने आसपास देखने से आपको अनेकों ऐसे व्यक्तित्व मिल जाएंगे जो अपने आपको समय के अनुसार ढालते रहते हैं जैसे- मैंने अपने गांव के कुंवर किसान का उदाहरण दिया जिसने 1 एकड़ में लगभग ₹100000 कमाए जबकि अन्य लोग वहीं पर 1 एकड़ में ₹20000 तक ही कमा पाए थे। यह कुंवर के द्वारा समय के प्रति सूझबूझ थी जिससे उसने खेत में गेहूं के बजाय टमाटर लगाए और अपने साथी किसानों से अधिक मुनाफा कमाया।

समय की बचत करें यह सबसे अधिक महंगा है इतना महंगा कि कोई भी इसकी भरपाई नहीं कर सकता।

नोकिया जैसी मोबाइल की बड़ी कंपनी इसलिए काफी पिछड़ गई क्योंकि वह समय को ना समझ पाई और अपने को अपडेट ना कर सकी जो कभी मोबाइल फोन का पर्यायवाची हुआ करती थी आज वह मोबाइल की प्रतियोगिता से कोसों दूर है। हमें समय को समझना होगा। इसकी कीमत को समझना होगा क्योंकि यह एक बार जाकर कभी भी वापस नहीं आता है। इसे अधिक से अधिक प्रयोग करें। क्या आपको पता है कि समय का सबसे बड़ा दुश्मन कौन है? क्या पता है? क्या पता नहीं? जरा सोचे। थोड़ा वक्त दें फिर बताएं। हां बिल्कुल सही, सोचा आपने। समय का सबसे बड़ा दुश्मन हमारा आलस्य ही है । हमारे अंदर एक सबसे बड़ी कमी यही रहती है कि हम कोई भी चीज टाल देते हैं कि सब बाद में करेंगे। जरा सोचिए ऐसा करने से आप कितना पिछड़ते जाते हैं? कितने पीछे? इसका जवाब आपको ही निकालना पड़ेगा।

एक गांव में एक किसान रहता था। वह काफी मेहनत करता था। उसे जरा भी आलस्य ना था। वह अपना सारा काम समय पर ही

समाप्त करता था। उसका एक छोटा भाई था। वह था तो बहुत मेहनती पर हर काम लेट लपेट करने की उसकी आदत बन चुकी थी। रवि की फसल काटने का समय आ चुका था। गांव में गेहूं की फसल पक चुकी थी और सभी अपने अपने खेतों से गेहूं जल्द से जल्द कटवा रहे थे। गेहूं घर सुरक्षित लाकर उसे सुरक्षित रख रहे थे । किसान ने भी जल्द से जल्द गेहूं अपने घर पहुंचा दिया और उनको सुरक्षित जगह पर रख दिया। पर उसका छोटा भाई अपनी आदत के अनुरूप कल- कल करके टालता रहा था। एक दिन तेज आंधी आई जिससे उसके खेत की फसल उड़ गई और रही सही बारिश ने उसकी पूरी मेहनत खत्म कर दी। अब वह पछता रहा था पर अब क्या हो सकता था?

समय को बर्बाद करने वाले अपने पछतावे में भी समय बर्बाद करते हैं।

अगर वह समय को जानता उसके अनुसार चलता तो उसे बाद में पछताना नहीं पड़ता अतः हमें कुछ बातों का ध्यान रखना चाहिए जिससे हम समय को बर्बाद करने से बच सकें।

1. दिन की शुरुआत व्यायाम से करें – जिससे आपका मन व शरीर पूरे दिन तरोताजा महसूस करें और आप अधिक से अधिक ऊर्जा के साथ काम कर सकें।

2. पौष्टिक भोजन करें – जिससे काम को करने कि आपके शरीर में पर्याप्त ऊर्जा हो।

3. समय पर सोने की आदत डालें – समय पर सोने से शरीर तरोताजा रहता है, चुस्त-दुरुस्त रहता है ।

4. आज का काम दूसरे दिन के लिए टालना छोड़ें – आज का काम आज ही करें कल पर मत टालें इसे अपनी लत बनाने से रोके ।

5. काम को रुचि के साथ करें – वह काम करें जो आपको पसंद हो , काम रुचि से करें, बोझ समझ कर काम को ना करें।

अगर आप अपने समय को सबसे ज्यादा मूल्यवान बनाना चाहते हैं तो इसे अपना आखरी समय समझ कर इसका प्रयोग करें।

इन उपायों से हम आलस्य पर विजय पाकर समय को अधिक से अधिक सदुपयोग करने में सफल हो सकेंगे। आज आप प्लेन, बुलेट ट्रेन इत्यादि में अपने अनमोल समय को बचाने के लिए सफर करते हैं। आप तभी सफल हो सकते हैं जब आप अपने समय को सफल बनाते हैं अतः इसे यूं ही ना जाने दें। इसे पकड़े और प्रयोग करें। अपने समय को जिए, यादगार बनाएं । इस समय को आखरी समझे और अपना वह सब करने की कोशिश करें जो आपके लिए जरूरी है ।

एक बार की बात है, एक सम्राट किसी बात पर अपने वज़ीर से नाराज़ हो गया। नाराज़गी में उसने वजीर के लिए फांसी की सजा दे दी। फांसी का समय शाम का मुकर्रर किया गया। सम्राट ने सैनिकों को आदेश दिया, "जाओ, जाकर वज़ीर को बता दो कि ठीक शाम को उसे फांसी पर लटका दिया जायेगा।"

सम्राट का आदेश मान सैनिक की एक टुकड़ी वज़ीर के घर पहुँची। उसके घर को चारों ओर से घेर लिया गया। कुछ सैनिक घर के अंदर गए। अंदर जाने पर उन्होंने देखा कि वहाँ तो जश्न का माहौल है। उस दिन वज़ीर का जन्मदिन था। उसके घर पर रिश्तेदारों और दोस्तों की चहल-पहल थी। संगीत बज रहा है। नाच-गाना चल रहा था। पूरे घर में पकवान की ख़ुशबू फ़ैल रही थी। कुल मिलाकर वहाँ का माहौल बड़ा ख़ुशनुमा था। सैनिकों ने भरी महफ़िल में एलान कर वज़ीर को फांसी की सजा के बारे में बताया। यह भी बताया कि फांसी शाम को दी जाएगी। यह एलान सुनकर वहाँ मौजूद हर शख्स हैरान रह गया। फ़ौरन संगीत और नाच-गाना बंद कर दिया गया। रिश्तेदार, दोस्त और परिवारजन उदास हो गए। तभी कमरे में छाई ख़ामोशी में वज़ीर की आवाज़ गूंजी, "ऊपर वाले का लाख-लाख शुक्रिया कि उसने फांसी के लिए शाम तक का वक़्त दे दिया। तब तक हम सब जश्न मना सकते हैं।" वज़ीर की

बात सुनकर दोस्तों, रिश्तेदारों और परिवारज़नों ने कहा, "कैसी बात कर रहे हो? फांसी की सजा सुनाई गई है तुम्हें और तुम जश्न मनाना चाहते हो।" वजीर ने किसी तरह सबको समझाया और जश्न फिर से शुरू करवाया। दोस्त उदास थे। लेकिन वज़ीर की ख़ुशी के लिए जश्न में शामिल हो गए। यह ख़बर सैनिकों द्वारा सम्राट तक पहुँचाई गई। सम्राट पूरा माज़रा जानने वज़ीर के घर पहुँच गया। वहाँ पहुँचकर जब उसने सबको जश्न मानते हुए देखा, तो वह भी दंग रह गया। उसने वज़ीर से कहा, "तुम पागल हो गये हो क्या? शाम को तुम्हें फांसी पर लटका दिया जायेगा और तुम जश्न मना रहे हो." वज़ीर बड़े ही अदब से बोला, "हुज़ूर! आपका बहुत-बहुत शुक्रिया कि आपने फांसी का वक़्त शाम का मुकर्रर किया। इस तरह मुझे शाम तक का वक़्त मिल सका। यदि आप मुझे ये वक़्त न देते, तो मैं अपने परिवार, दोस्तों और रिश्तेदारों के साथ जश्न कैसे मना पाता? फांसी पर लटकने के पहले मेरे पास शाम तक का वक़्त है। ये मैं क्यों ज़ाया करूं? मेरे पास जितना भी वक़्त है, उसे मैं ख़ुशी-ख़ुशी गुज़ारना चाहता हूँ।" ये बात सुनकर राजा ने वज़ीर को गले लगा लिया और कहा, "जिस इंसान को वक़्त की कदर है। जो ज़िंदगी का हर लम्हा ख़ुशी-ख़ुशी गुजारना चाहता है। उसे मौत कैसे दी जा सकती हैं? उसे जीने का पूरा हक है। तुम्हारी बातों ने हमारा दिल ख़ुश कर दिया। तुम्हारी फांसी की सजा माफ़ की जाती है।" हमें इस उदाहरण से सीख मिलती हैं कि ज़िंदगी ख़ूबसूरत है। इसका हर लम्हा ख़ुशी के साथ गुजारें। ये ज़रूर है कि ज़िंदगी में कई बार मुश्किलों भरा वक़्त सामने आ खड़ा होता है और हम परेशान हो जाते हैं। ऐसे में हम ज़िंदगी जीना ही छोड़ देते हैं। मुश्किलों से हारे नहीं, उसका सामना करें और ख़ुशी के साथ करें। जो भी समय आपके पास है, उसका पूरा सदुपयोग करें। ये ज़िंदगी बार-बार नहीं मिलने वाली। इसे खुलकर जियें।

सारांश

समय अपनी गति के साथ हमेशा चलता रहता है जिससे परिवर्तन होता रहता है। यह समय का नियम है । हमें समय के इस परिवर्तन को स्वीकार करना चाहिए और अपने को समय के अनुसार अपडेट करते रहना चाहिए। एक कस्बे के दो युवक बाहर से पानी लाकर कस्बे में बेचते थे। धीरे-धीरे नलके आ गए और उनका धंधा बंद होने लगता है। जिसमें से एक लड़का जिसका नाम रोहन था अपने खेत में पानी का प्यूरीफाइड प्लांट लगा लेता है और लोगों को साफ पानी की जानकारी देता है । वह उन्हें खराब पानी पीने से हो रहे रोगों के बारे में भी बताता है । धीरे-धीरे लोग जागरूक होते हैं और रौहन का पानी कस्बे में ही नहीं बल्कि उसके पानी की डिमांड कस्बे से बाहर तक होने लगती है जबकि दूसरा लड़का श्यामू बेरोजगार हो चुका होता है। श्यामू इसलिए बेरोजगार हो जाता है क्योंकि उसने अपने को समय के साथ अपडेट नहीं किया था। अपडेट करने के उदाहरण में मैंने आपको बिसलेरी के संस्थापक फेल्स बिसलेरी की कहानी बता रखी है। जिनकी कंपनी आज प्रतिदिन डेढ़ करोड़ लीटर पानी बेच रही है। हमें जो कोई सफल दिखता है वह ऐसे ही नहीं होता उसके लिए उसे अपना सबसे अमूल्य समय का त्याग करना पड़ता है। समय का पाबंद बनना पड़ता है। मुझे समय का पंचवल ना देखकर रवि दुबे ने मुझे डांटा था और कुछ गूढ़ तथ्यों को मुझे बताया था जिनमें समय का पंचवल यानी सफलता के लिए तैयार होना मुख्य था । कल ही मैंने एक अखबार देखा था जिसमें पांच बहनो ने राजस्थान का सिविल एग्जाम क्लियर करके इतिहास रच दिया था। सच में यह बड़ी बात थी और बड़ा लक्ष्य था। जरा सोचें सारी बहनों ने समय की कितनी इज्जत की होगी? जो आज वह इस मुकाम पर पहुंच सकी हैं। अधिकांश लोग तो जन्म लेकर खाते पीते और मर जाते हैं। उन्हें नहीं पता रहता है कि आखिर वह क्या कर रहे हैं? हम हमेशा दूसरों के लिए जीते रहते हैं। हमें अपने लिए समय ही नहीं होता है । हमें सबसे पहले अपने लिए एक सुनिश्चित समय पर समय निकालना

होगा। उस समय अपने बारे में, अपने लक्ष्य के बारे में और ईश्वर के साथ होने को महसूस करें आप खुद से यह प्रश्न करें ।

1.आप क्या हैं?

2.आप क्या चाहते हैं?

3.आप क्या कर रहे हैं?

इन प्रश्नों का उत्तर ढूंढ लेने पर आप उन सभी को उत्तर दे सकेंगे जो आपसे प्रश्न करते हैं। प्रभु श्री राम सुग्रीव को बताते हैं कि नियति सबको समय देती है, सुधरने का, उपयोग करने का जिससे कोई उस पर प्रश्न ना कर सके कि उसने समय ही नहीं दिया था। रावण को भी सुधरने का समय मिला था। यह हमारे ऊपर है कि हम समय का सदुपयोग कर पाते हैं या नहीं। रावण जैसे ज्ञानी पुरुष का उदाहरण देकर बताने की चेष्टा की जा रही है कि ज्ञानी से ज्ञानी व्यक्ति भी समय का सदुपयोग नहीं कर पाता है। समय का सदुपयोग यही है कि आप अपने को समय के अनुसार बदलते रहे। समय सबसे ज्यादा मूल्यवान है। यह इतना महंगा है कि कोई भी इसकी भरपाई नहीं कर सकता है। समय का सबसे बड़ा दुश्मन आलस्य है । हमें इससे बचना चाहिए। इस आलस्य को दूर भगाने के लिए प्रमुख उपाय बताए जा रहे हैं जो निम्नलिखित हैं ।

1. दिन की शुरुआत व्यायाम से करें ।

2. पौष्टिक भोजन करें ।

3. समय पर सोने की आदत डालें ।

4. आज का काम दूसरे दिन के लिए टालने की आदत छोड़े ।

5. काम को रुचि के साथ करें।

प्रश्न

1. आपने अपने आसपास क्या क्या परिवर्तन देखा उसकी सूची बनाएं?

2. क्या आप समय के पंचवल हैं ?

3. क्या आपने खुद से आप क्या हैं?, आप क्या चाहते हैं? और क्या कर रहे हैं? जैसे प्रश्न किए?

4. क्या आप अपने लिए समय निकालते हैं?

5. क्या आपने अपने इष्ट प्रभु से बात करने की कोशिश की?

हमें करना चाहिए

1. हमें अपने आसपास हो रहे सभी परिवर्तनों पर ध्यान देना चाहिए।

2. अपने को समय के अनुसार अपडेट रखना चाहिए।

3. अपने आलस्य को खत्म करना चाहिए।

4. अपने वजूद को जानना और लक्ष्य के लिए काम करना चाहिए।

5. अपने लिए सुनिश्चित समय निकालना चाहिए।

6. अपने इष्ट प्रभु को परेशानियां, लक्ष्य, दुख, सुख इत्यादि बताना और उनका उपाय खोजना चाहिए।

८. चुनौतियों को न जानना

इंसान को कठिनाइयों की आवश्यकता होती है क्योंकि सफलता का आनंद उठाने के लिए यह बहुत ही जरूरी है।

जब हम कोई भी लक्ष्य साधते हैं तो हमें अनेकों प्रकार की कठिनाइयों का सामना करना पड़ता है। यह कठिनाइयां अनेकों प्रकार से हमारे मार्ग को बाधित करती रहती हैं। यह बाधाएं हमारे लिए चुनौतियां होती हैं। हमें इन चुनौतियों को स्वीकार करके इन पर विजय प्राप्त कर आगे बढ़ना होता है। सच में यह चुनौतियां ही किसी भी व्यक्ति के व्यक्तित्व को निखारती हैं। जैसे सोना उच्च ताप पर ही खरा बनता है उसी तरह यह चुनौतियां किसी इंसान को उच्च व्यक्तित्व का बनाती हैं। जरा सोचिए अगर प्रभु श्री राम ने अपने पिता के वचनों की रक्षा की चुनौती ना स्वीकार की होती, इसी तरह वनवास जाने, सीता की खोज, लक्ष्मण के प्राणों की रक्षा व रावण से युद्ध की चुनौती को ना स्वीकार किया होता तो आज राम प्रभु राम कैसे बनते हैं ? प्रभु राम ने उन सभी चुनौतियों को स्वीकार किया जो भी उनके सामने आई। वह किसी भी चुनौती से नहीं डरे और सारी चुनौतियां स्वीकारते हुए उन पर विजय प्राप्त करते रहे। आज हम प्रभु श्री राम को उनकी समस्त सफलताओं के लिए उनके प्रति श्रद्धा भाव रखते हैं। हम उनकी पूजा अर्चना करते हैं और भगवानों में भी उन्हें हम श्री मर्यादा पुरुषोत्तम जैसे सम्मानित शब्दों का प्रयोग कर उनका संबोधन करते हैं।

चुनौतियों को स्वीकार करें, उनसे लड़े और उन पर विजय प्राप्त करें।

चुनौती किसी भी प्रकार की हो सकती है मगर हमें तटस्थ होना है। उन्हें स्वीकार कर उनका उपाय सोचना है। अब हमें आगे बढ़ना है और इन चुनौतियों का गूढ़ रूप से अध्ययन करना है। इन चुनौतियों को हम मुख्यता दो रूपों में देख सकते हैं।

1. बाहरी चुनौतियां :-

यह वह चुनौतियां हैं जो हमें दूसरों से प्राप्त होती हैं जैसे- किसी व्यक्ति, समुदाय, समाज इत्यादि से यह हमे प्राप्त होती है। हमें इन चुनौतियों को जानना है उन पर विजय कैसे प्राप्त करनी है? समझना है। चुनौती अनेक रूपों में हमारे सामने आती है जो हमारा लक्ष्य बाधित करती रहती है और हमारे लक्ष्य को प्राप्त करने में स्टेप ब्रेकर का काम करती है। हम तभी अमीर बन सकते हैं जब हम अपने लक्ष्य को पा लें और वह लक्ष्य हम तभी पा सकते हैं जब हम लक्ष्य के मध्य आ रही चुनौतियों को स्वीकार कर उन पर विजय प्राप्त करें। हमें इन चुनौतियों पर विजय प्राप्त करने के लिए इन चुनौतियों को अच्छी तरह समझना होगा। इन चुनौतियों पर मनन करना होगा। आइए हम इन चुनौतियों के बारे में विस्तृत रूप से जानते हैं । जैसा कि बाहर से मिलने वाली चुनौतियों को हम बाहरी चुनौती मानते हैं। यह मुख्यतः तीन प्रकार की हो सकती हैं।

समाज का प्रतिकूल होना :-

समाज के बारे में सबसे बड़ी विडंबना यही है कि यह कभी भी हमें आगे बढ़ने को नहीं कहता है। आगे बढ़ने का हमारा अपना स्वयं का लक्ष्य होता है और किसी दूसरे का नहीं । जब हम एक लक्ष्य रखते हैं और उस लक्ष्य की तरफ अग्रसर होते हैं तो समाज के आराजकतत्व, प्रतिकूल विचारधाराएं हमें रोकने को आगे आ जाती हैं। वह हमें आगे नहीं बढ़ने देना चाहती परंतु जो अपने जीवन में कुछ बनने का लक्ष्य रखते हैं वह कभी किसी चुनौती को अपने जीवन में ज्यादा देर रहने नहीं देते। वह उस चुनौती को स्वीकार करते हैं, उस पर विजय प्राप्त करते हैं। वह अपने लक्ष्य को प्राप्त

करते हैं और इस समाज को दिखा देते हैं कि वह सही थे तथा उनकी सोच सही थी। इसका एक जीवंत उदाहरण देना चाहता हूं जो कि राजस्थान के जैसलमेर जिले से ताल्लुक रखता है। राजस्थान के जैसलमेर की रहने वाली एक युवती जिसका नाम सरला था। उसकी शादी जोधपुर जैसे बड़े शहर में हो जाती है। सरला का पति दिल्ली में काम कर रहा होता है। कुछ समय बाद सरला भी दिल्ली अपने पति के साथ चली आती है। कहते हैं कि भाग्य के आगे किसी की एक नहीं चलती। भाग्य में आगे क्या लिखा है? कोई नहीं जान सकता। एक दिन उसका पति राजेश सड़क दुर्घटना में मारा जाता है। सरला इस अकस्मात विपत्ति से काफी टूट जाती है। वह अब अनेकों विपत्तियों से घिर जाती है। अब उसके सामने अपने पूरे जीवन को यापन करना और अपनी छोटी सी बेटी की देखभाल की जिम्मेवारी की चुनौतियां उसके सामने थी। इस कठिन समय में सरला के माता पिता उसकी दूसरी शादी करना चाहते थे पर सरला मना कर देती है । राजेश के घर वाले सरला को वापस जोधपुर आकर उनके पास रहने को कहते हैं। सरला जानती थी कि उसके व उसकी बेटी के लिए जोधपुर से अच्छा दिल्ली है अतः वह जोधपुर जाने का उनका प्रस्ताव मना कर देती है। कहते हैं कि जरूरत ही अवसर की जननी होती है, बस जरूरत है तो हमें पहचानने की। एक दिन सरला दूध वाले से दूध ले रही थी। जिस दूध वाले से वह दूध लेती थी वह दूध में अधिक पानी मिलने लगा था। उसे दूध में काफी पानी लगता है। उस दिन वह उस दूध वाले से दूध खराब होने की शिकायत करती है। शिकायत सुनकर दूधवाला उल्टे सरला पर गुस्सा हो जाता है और सरला से "दूध लेना है तो लो वरना मत लो , मेरा दूध ऐसा ही रहेगा " कहता है। यह सुनकर सरला को काफी गुस्सा आता है। सरला दूध लेना बंद कर देती है और दूध अच्छा कैसे मिले? यह सोचने लगती है। काफी सोचने के बाद उसे रास्ता मिल जाता है। वह अपने सास-ससुर को पूरी बात बताती है और भैंस लेने की बात करती है। पहले तो सास-ससुर मना करते हैं लेकिन उसकी जिद के आगे आखिर वह मान जाते हैं। वह उनसे ₹500000 लेकर दिल्ली में 3 भैंस पाल लेती है। शुरुआत हमेशा कठिनाइयों से भरी होती है । कुछ समय बाद सब सहज होने

लगता है। अब सरला को शुद्ध दूध मिलता था और वह दूसरों को भी देती थी जिससे उसकी रोजी रोटी के लिए रुपयों की समस्या भी हल हो गई थी। एक लक्ष्य के बाद दूसरे लक्ष्य की शुरुआत होती है। धीरे-धीरे वह और भी भैंसे ले लेती है। आज सरला की डेरी में 400 भैंसे और 350 गायें हैं जिनकी देखरेख व दुध बेचने में लगभग 200 से ज्यादा लोगों को सरला ने रोजगार दिया है। सरला की कहानी से हमें सीख मिलती है कि हमें कठिनाइयों से हार नहीं माननी चाहिए बल्कि उनसे ताकत ग्रहण कर अवसरों की खोज करनी चाहिए। सरला अपने पति की मृत्यु के बाद दूध की उपजी समस्या को अवसर के रूप में ले लेती है और इस चुनौती को स्वीकार करती है । आज वह दिल्ली के बड़े जन समुदाय तक दूध बेचती है। उसने अपनी लगन से समाज की प्रतिकूलता को हरा दिया और अपना इसी समाज में एक नया मुकाम बनाया है। हमें सरला की कामयाबी से सीख लेना है। हमें भी चुनौतियों से घबराना नहीं है। चुनौतियां स्वीकार करनी है और आगे की राह प्रशस्त करनी है। एक ऐसी ही कहानी भारत की तीरंदाज दीपिका कुमारी की भी है। जिन्होंने अति गरीब व पिछड़े परिवार में जन्म लिया। जन्म से अति पिछड़ी व गरीब होने पर भी उनकी सोच गरीब नहीं थी। उनकी सोच, उनका लक्ष्य भारत का व अपना नाम विश्व में करने का था। उन्होंने अपने जीवन में अनेको चुनौतियों का सामना किया तदुपरांत आज वह अपना, अपने परिवार व देश का नाम पूरी दुनिया में रोशन कर सकी।

हमारे पास के देश पाकिस्तान की मलाला यूसुफजई को भला कौन नहीं जानता। आज वह किसी भी परिचय की मोहताज नहीं है। वह मात्र 17 साल में दुनिया की सबसे कम उम्र में नोबेल पुरस्कार प्राप्त करने वाली महिला बनी है। उन्होंने पाकिस्तान में आतंकियों के खिलाफ शिक्षा में लड़कियों के योगदान पर काफी जोर दिया। आतंकियों ने मलाला को मारने की कोशिश भी की पर सफल ना हो सके। मलाला ने समाज, उसकी प्रतिकूलता से लड़ाई लड़ी और अपने लक्ष्य तक पहुंची। पाकिस्तान जैसे मुस्लिम कट्टरपंथी देश में उन्होंने जो समाज की लड़कियों के लिए किया है, उनकी शिक्षा के लिए किया है वह अपने आप में ही उनके हौसले

की कहानी बयां करता है। मलाला ने चुनौतियां स्वीकारी और उन पर जीत हासिल की।

मैं आपको चुनौतियों से भरा एक और जीवंत उदाहरण देना चाहता हूं । मैं आपको राजस्थान की आशा कांडरा के बारे में भी बताना चाहूंगा जिन्होंने अपने पति से तलाक के बाद अपनी दोनों बेटियों को अच्छे से पढ़ाया । एक लड़की इंजीनियरिंग कर रही है तो दूसरी ग्रेजुएशन कर रही है। उन्होंने परिवार के भरण-पोषण के लिए सफाई कर्मी की नौकरी की व राजस्थान की सड़कों पर सफाई करती रही। उन्होंने भारत सरकार के स्वच्छ भारत मिशन में बढ़-चढ़कर हिस्सा लिया। आशा कांडरा ने 12वीं पास करने के 16 साल बाद ग्रेजुएशन किया तथा वह यहीं तक नहीं रुकी बल्कि राजस्थान के सबसे बड़े एग्जाम आर ए एस को क्लियर करने का लक्ष्य रखा। सन 2018 में आशा कांडरा ने वह कर दिखाया जिसकी संभावना किसी को ना थी। आशा कांडरा ने साफ कर दिया कि अगर लक्ष्य साफ हो तो लगन के साथ कुछ भी हासिल किया जा सकता है। एक नहीं अनेकों उदाहरण मिलते हैं जिन्होंने समाज की प्रतिकूलता को सिरे से नकार कर कुछ नया कर दिखाया है। ऐसा कुछ किया कि समाज में उनकी प्रतिष्ठा बन गई और आज हम सभी उनको जानते हैं।

जो भी कुछ करना चाहते हैं उन्हें सबसे पहले प्रतिकूलता को अनुकूलता में बदलना पड़ता है और यह होता है आपके दृढ़ इच्छाशक्ति, विश्वास, साहस और अपने लक्ष्य के प्रति समर्पण भाव से।

अगर आप कुछ करना चाहते हैं तो यह मत सोचें कि यह सहज है और यह आसानी से हो जाएगा। सच तो इससे इतर है कि आपको कठिनाइयों का, चुनौतियों का सामना करना पड़ता है तब जाकर ही आप कुछ पा पाते हैं। लक्ष्य के संदर्भ में आपको इसका रास्ता अपने आप ही बनाना पड़ता है। हममें से अधिकांश लोग बस समाज की प्रतिकूलता की वजह से ही नहीं आगे बढ़ पाते हैं और कुछ भी नया नहीं कर पाते। हमें अगर कुछ बनना है तो सबसे पहले दृढ़ विश्वास,

इच्छा करें, साहस के साथ आगे बढ़ जाएं और अपने लक्ष्य को प्राप्त करें। जब आप लक्ष्य प्राप्त कर लेते हैं तो यह समाज ही जो आपके प्रतिकूल था अनुकूल हो जाता है। कई बार समाज के डर से हम अपना रास्ता बदल देते हैं। अब सोचने की बात है कि इसमें किसकी ज्यादा गलती है समाज की या अपनी। शायद अपनी ज्यादा गलती है। हमें किसी के डर से अपना लक्ष्य नहीं बदलना चाहिए। जो दूसरों के दबाव में काम करते हैं वह कभी अपना लक्ष्य प्राप्त नहीं कर पाते। वह कभी अपना कुछ नहीं कर पाते। अब मैं आपको इस समाज के प्रति कुछ महान लोगों के विचार बताने वाला हूं। यह वह लोग हैं जिन्होंने इस समाज की प्रतिकूलता को सिरे से नकार दिया। यह वह लोग हैं जो यूं ही सहजता से सफल नहीं हुए उनके सामने भी समाज की प्रतिकूलता थी पर वह इस प्रतिकूलता को अस्वीकार कर आगे बढ़े और अपना लक्ष्य प्राप्त किया।

"पहले वह आप पर ध्यान नहीं देंगे फिर वह आप पर हसेंगे फिर वह आप से लड़ेंगे और तब आप जीत जाएंगे।"

- महात्मा गांधी

"पहले हर अच्छी बात का मजाक बनता है फिर उसका विरोध होता है और फिर उसे स्वीकार कर लिया जाता है।"

- स्वामी विवेकानंद

"सफल व्यक्ति वह है जो औरों द्वारा फेंकी गई ईटों से एक मजबूत बुनियाद बना सकता हो।"

- डेविड ब्रिंकली

"आपको आप से बेहतर कोई नहीं जानता इसलिए स्वयं का निर्णय स्वयं से लें।"

- अतुल सिंह

"एक विजेता बनने के लिए आपको खुद पर तब विश्वास करना होगा जब कोई दूसरा आप पर विश्वास ना कर रहा हो।"

- शुगर रे रॉबिंसन

"सफल होने के लिए आपको निर्धारित करना होगा कि आखिर आप क्या चाहते हैं फिर आपको उसकी कीमत चुकाने के लिए तैयार रहना होगा ।"

- बनकर हंट

"आपका समय सीमित है इसलिए इसे किसी और की जिंदगी जी कर व्यर्थ मत कीजिए बेकार की सोच में मत फंसिये, अपनी जिंदगी को दूसरों के हिसाब से मत चलाइए औरों के विचारों के शोर में अपने अंदर की आवाज को अपने इनट्यूशन को मत डूबने दीजिए उसे पहले से पता है कि आप सच में क्या बनना चाहते हो, उसके सामने बाकी सब गौढ़ है।

- स्टीव जॉब्स

यह उन महान लोगों की विचारधारा है जिन्होंने अपने जीवन को उद्देश्य दिया है। इनका भी समाज ने विरोध किया था। परिवर्तन जिस तरह से हमारे शरीर को अच्छा नहीं लगता है उसी प्रकार से समाज भी परिवर्तन का विरोध करता है। हर महान आदमी का विरोध हुआ है। थॉमस अल्वा एडिसन को लोगों ने पागल तक कहा था पर इस पागल ने दुनिया को प्रकाश दिया। क्या आज कोई उनको पागल बोलने का साहस कर सकता है? यकीनन एक पागल व्यक्ति ही उनको पागल बोलने का साहस कर सकता है। इनका उदाहरण हमको सीख देता है कि आप भी अपने लक्ष्य के प्रति लगे रहे और उन सब की बोलती बंद कर दें जो आप का मजाक उड़ा रहे हैं।

अमीर बनना न सिखाया जाना :-

काफी रात हो चुकी थी मैं अपने पिता के साथ बैठकर बातें कर रहा था। अक्सर जब मैं घर छुट्टी आया करता हूं तो मैं देर रात तक अपने पापा के साथ बैठा करता हूं। आज भी काफी रात हो चुकी थी। चारों तरफ अंधेरा हो चुका था और चंद्रमा बिल्कुल सिर के ऊपर था। हालांकि यह कृष्ण पक्ष चल रहा था इसलिए ज्यादा प्रकाश नहीं था। पिताजी मुझे अपने बीते हुए कल के कुछ अहम किस्से, यादों को कहानियों का रूप ले करके बता रहे थे। पिता उस समय इंटर पास कर चुके थे और बिलग्राम जो हमारे पास का सबसे बड़ा कस्बा है में सेना की भर्ती चल रही थी। सभी अपना-अपना भाग्य आजमा रहे थे। मेरे पिता भी अपना भाग्य आजमाने पहुंचे थे। शुरुआती दौर में ही पिता का चयन सेना में हो चुका था। पिता जब घर आए तो उन्होंने मेरे बाबा को इस बारे में बताया तो बाबा ने उन्हें सेना में जाने से मना कर दिया और घर में ही रहकर खेती करने को कहा क्योंकि उस समय लोग खेती को ही अपना प्रमुख रोजगार मानते थे। मैंने आपको बताया है कि परिवर्तन होना स्वभाविक है इसलिए हमारी विचारधारा भी बदली है लेकिन उस समय की विचारधारा नौकरी प्रधान नहीं थी। आज लोगों की विचारधारा नौकरी के प्रति बदली है और लोग नौकरी को पसंद करने लगे हैं। पिता आगे बढ़े और बताना शुरू किया कि पहले लोग अपनी बेटी की शादी करने जाते थे तो लोग खेत, पशु, बाग-बगीचे, खलियान खेती के साधन इत्यादि देखते थे। जिस घर में यह सब साधन उपलब्ध होते थे वह घर अच्छा माना जाता था पर आज शादी की शर्तें बदली हैं। आज योग्य वर की शर्तों में लोग मकान और नौकरी पर ज्यादा जोर देते हैं और लोग समझते हैं कि इतना होने पर उनकी बेटी खुश रह सकती है। अब धीरे-धीरे रात का यह पहर भी खत्म होने को आया था। मैंने पिताजी से सोने के लिए जाने की अनुमति मांगी और अपने कमरे में सोने के लिए आ गया। पिता जी सही कह रहे थे नौकरशाही विचारधारा आज समाज में घर कर गई है। अब इस विचारधारा का प्रभाव भी देख लीजिए। जब एक बच्चा जन्म लेता है तो उसे पढ़ने के लिए स्कूल में भेजा जाता है और उससे पूछा जाता है कि तुम बड़े होकर क्या बनोगे? लड़का

बोलता है पायलट, डॉक्टर, इंजीनियर या अधिक से अधिक आईएएस को क्लियर करने की बात करता है। ऐसा क्यों? उसे हमारे परिवार, समाज व रिश्तेदारों से नौकरी के बारे में बचपन से ही विस्तृत जानकारी दे दी जाती है। उसे नौकरी के फायदे बताए जाते हैं उससे मिलने वाली सुविधाएं, वेतन बताई जाती है। जो घर का गार्जन होता है वह बच्चे को बताता है कि बेटा नौकरी करना मतलब महीने की 1 तारीख को आपके अकाउंट में पेमेंट आ जाना बाकी किसी भी जगह यह पक्का नहीं होता है कि आप निश्चित रूप से रुपए कमा पाओगे, अपना पेट भर पाओगे या नहीं। इन सब बातों का परिणाम यह होता है कि बच्चा नौकरी में विश्वास करने लगता है। वह सोचता है कि अच्छी नौकरी मिलने से उसकी सारी समस्याएं खत्म हो जाएंगी पर यह सच नहीं होता। वह अलग ही तरह की परेशानियों से घिरता चला जाता है जिसमें क्रेडिट कार्ड लोन, ईएमआई किस्त, होम लोन, कार लोन, गोल्ड लोन व पर्सनल लोन आदि आदि शामिल हो जाते हैं। नौकरी करने वाला अपनी सीमित आय से वह सब नहीं कर सकता जो वह करना चाहता है। जैसे-जैसे उसकी मासिक आय बढ़ती है वैसे-वैसे उसकी जिम्मेदारी, महंगाई आदि भी बढ़ती जाती है। अब जब वह अपने साथ के उस लड़के को देखता है जो नौकरी नहीं कर रहा होता बल्कि कोई व्यवसाय कर रहा होता है। वह जब उससे अपनी तुलना करता है तो वह अपने को बहुत पीछे पता है। वह उसकी तुलना में घूमना- फिरना, महंगे होटल में जाना बंगला, लग्जरी कार, नौकर, अच्छे-अच्छे कपड़े, बच्चों की अच्छी परवरिश, बच्चों को अच्छे से अच्छा स्कूल देना इत्यादि कुछ नहीं कर पाता। उसकी आंखें अब खुल जाती हैं वह समझ जाता है कि उसने जो रास्ता चुना था वह गलत था क्योंकि इस रास्ते पर उसकी कोई भी इच्छा पूरी नहीं हो रही थी। मेरे साथ में नवीन साहू और मुझमें यही अंतर मैंने देखा है नवीन के पिता एक व्यापारी थे वह उसे व्यापार और उसकी जानकारी बचपन से ही दे रहे थे। नवीन अपने खाली समय पर अपने पिता के ऑफिस जाया करता और गेहूं की खरीदारी में उनकी मदद करता रहता था। जब हमने इंटर पास कर लिया तो मैं भर्ती की तैयारी में लग गया वहीं नवीन ने अपना पूरा समय अपने

पिता के व्यापार में लगा दिया। लगभग 13 साल बाद वह मुझे फेसबुक पर मिला। मैंने उससे कांटेक्ट नंबर लिया और हमारी बातें होने लगी। बातों ही बातों में मुझे पता चला कि अब नवीन साहू हमारे जिले का सबसे बड़ा गेहूं का व्यापारी बन चुका है। आज उसकी महीने की इनकम 10 लाख से भी ज्यादा की है वहीं मेरी इनकम 70 से 80 हजार पर ही सीमित थी। उसके पास अच्छा खासा बंगला है। वह सब उसके पास था जो होना चाहिए जबकि मैं अपने घर गृहस्ती में ही सिमट कर रह गया था। नवीन जो आज सेठ बन चुका है क्या यूं ही आसानी से वह सेठ बन गया था। नहीं वह बचपन से ही अपने पिता से वित्त ज्ञान ले रहा था। वह जान गया था कि पैसो के पीछे भागने से पैसे नहीं आते हैं बल्कि सीखने की कला से आते हैं । जितना अधिक आप सीखते हैं आप यकीन माने रुपए आपके पीछे उतनी ही तेजी से आते हैं। खैर समय परिवर्तन पर है और आज के बच्चे नौकरी ना करके एक डांसर, पॉप सिंगर, क्रिकेटर, लेखक, गायक व एक व्यापारी इत्यादि बनना चाहते हैं क्योंकि वह जानते हैं कि इनमें ही कुछ बनकर वह अपना मुकाम हासिल कर सकते हैं। वह अपना नाम, यस, धन, शोहरत और वह सब कुछ प्राप्त कर सकते हैं जो एक नौकरी वाला कभी नहीं पा सकता है। नवीन साहू आज साहू फूड कॉरपोरेशन का मालिक है जो पूरे देश के कोने- कोने में गेहूं का कारोबार कर रहा है। आज वह अपनी शक्तियों को बढ़ा चुका है और आगे भी बढ़ा रहा है। उसका व्यापार बढ़ता जा रहा है। उसने अपने चुने हुए रास्ते का चयन किया जिसमें उसकी रूचि थी और आज वह सफलता के पायदान ऊपर चढ़ता चला जा रहा है जबकि मैं अपने को अभी भी वहीं पर खड़ा हुआ पाता हूं जहां से मैने शुरुआत की थी। मैं या मेरे जैसे सारे नौकरी करने वाले वही खड़े मिलते हैं जहां वर्षों पहले खड़े हुए थे। नौकरी करने वाला अपने साथ एक जिम्मेवारी की टोकरी लेकर चलता है जिसमें घर का खर्च, बच्चों की पढ़ाई, घर के कर्ज की किश्त, बिजली का बिल, पानी का बिल, घर का टैक्स, इनकम टैक्स इत्यादि होते हैं। इतनी जिम्मेवारी होने के बाद भी उसके पास आमदनी वही सीमित आय ही रहती है। कभी-कभी वह परेशान होकर उसे छोड़ने की सोचता है तो उसे वेतन बढ़ोतरी

और पदोन्नति का प्रलोभन दिया जाता है जिससे इस सीमित संसाधनों से वह ना निकल पाए और होता भी यही है। मैंने एक फिल्म देखी थी यह फिल्म हॉलीवुड की एक बेहतरीन फिल्म है जिसमें एक नायक नौकरी छोड़कर जा रहा होता है। वह नायिका से साथ चलने को कहता है पर नायिका पदोन्नति पाकर अपने प्रेमी को ठुकरा देती है और दूसरा प्रेमी बना लेती है।

नौकरी पाकर हम खुश हो जाते हैं। हम सोचते हैं कि सब ठीक हो जाएगा पर ऐसा सिर्फ हमारी सोच में ही होता है।

यह हमारे समाज की सच्चाई है जिसे हम सहर्ष स्वीकार कर लेते हैं। मैं आपको नौकरी करने वालों की कुछ खूबियां बताना चाहूंगा जो आपको जागरूक कर सकेगी।

1. नौकरी आय का सीमित साधन है ।

2. नौकरी से घर का सीमित खर्च चलता है जैसे औसतन खाना, कपड़ा और एक कर्ज का घर ।

3. कुछ बड़ा लेने से पहले हमें कर्ज लेना पड़ता है।

4. जैसे-जैसे आय बढ़ती है वैसे-वैसे कर्जा भी बढ़ता जाता है।

5. होम लोन, कार लोन, पर्सनल लोन या फिर एक बड़ा लोन हो जाता है जिसे चुकाने में हम अपनी पूरी जिंदगी दांव पर लगा देते हैं ।

6. वेतन वृद्धि और पदोन्नति देकर हमें नौकरी छोड़ने से रोका जाता है।

7. हमें अपने अधिकारों के लिए लड़ाई लड़नी पड़ती है जिसके लिए हमें कई बार सरकारों, यूनियनों पर निर्भर रहना पड़ता है।

8. नौकरी वालों का आय और व्यय बराबर रहता है।

9. यह लोग अपनी सबसे बड़ी संपत्ति अपने कर्ज के मकान को मानते हैं जो कभी भी पूर्ण रूप से इनका नहीं हो पाता है ।

10. नौकरी करने वाले पूर्ण रूप से अपनी पेमेंट पर ही निर्भर रहते हैं ।

11. नौकरी करने वालों की सोच संकुचित हो जाती है।

12. नौकरी करने वाले कभी कुछ बड़ा नहीं कर पाते।

इत्यादि तथ्य हमें नौकरी करने वालों में मिल जाते हैं जो उनको सीमित बनाते हैं। हमें सोचना चाहिए, खुलकर सोचने की जरूरत है कि आपको अपनी सोच सीमित रखनी है या असीमित। नौकरी करने वाला कभी अमीर नहीं बन सकता क्योंकि ये लोग वह नहीं करते जो अमीर लोग करते हैं। जैसे-

1. अमीर लोग पैसों से पैसा बनाना जानते हैं।

2. वह सीखने पर जोर देते हैं।

3. वह सीखने के लिए काम करते हैं ना कि पैसों के लिए।

4. वह वित्तीय ज्ञान रखते हैं ना कि सिर्फ शैक्षिक ज्ञान जो असल जिंदगी में काम ही नहीं आता।

5. नया करने का साहस करते हैं ना कि सुरक्षा के पीछे रहते हैं।

6. अपने को अपने- अपने क्षेत्र के बुद्धिजीवियों जैसे वकील, डॉक्टर, एजेंट, ब्रोकर आदि से घिरा हुआ रखते हैं।

7. उनको पैसे का मैनेजमेंट करना आता है।

8. वह बिना लाभ के निवेश नहीं करते।

9. एक से अधिक जगह में निवेश करते हैं।

10. वह मेहनत में विश्वास नहीं रखते बल्कि काम को कराने में विश्वास करते हैं।

11. रुपयों को जरूरतमंदों, ट्रस्टो,संस्थाओं आदि को दान करते हैं। जैसे- फोर्ड फाउंडेशन, टाटा कंपनी इत्यादि

12. उनमें देने की कला होती है ना की लेने की ।

यह वह सब काम है जो अमीर लोग करते हैं। अगर आपको भी अमीर बनना है तो आपको भी इन तथ्यों पर मनन करना पड़ेगा और उनकी तरह ही अपनी सोच और नजरिया करना पड़ेगा मैंने पहले ही आपको बताया है कि आपकी सोच की क्या अहमियत होती है।

सफलता के लिए नजरिया काबिलियत से ज्यादा अहम है।

मेरे शहर में एक जाने-माने व्यक्ति हैं जिनका काफी रुतबा है। इनको हम सब लोग अवस्थी जी के नाम से जानते हैं। वह कभी बहुत ही गरीब हुआ करते थे और साइकिल से शहर में दूध बेचने आते थे। दूध बेचकर वह वापस अपने गांव चले जाते थे। उनका गांव शहर से काफी पास था। एक दिन उन्होंने रोज-रोज के आने जाने से बचने के लिए कुछ विचार किया जिससे उन्होंने वहीं शहर में थोड़ी जमीन ले ली। उस समय जमीन की कोई खास कीमत नहीं होती थी। धीरे-धीरे उन्होंने और जमीन खरीद ली जो उनको काफी सस्ती प्राप्त हो गई थी। अपनी दूरदर्शिता से उन्होंने उस पर लकड़ी को चीरने की मशीन लगा दी। उनका स्वभाव बड़ा मिलनसार था अतः देखते ही देखते उन्होंने काफी रुपए कमा लिए और उनका लकड़ी का धंधा बहुत ही फल फूल गया। उन्होंने एकत्र किए हुए धन से ईटो का भट्टा खोल लिया। ईटो का भट्टा भी उनका चल निकला। फिर क्या था? एक के बाद एक ईटों के भट्टे लगते चले गए। आज के दिन में अवस्थी जी के पास कई ईटों के भट्टे, आरा की मशीनों के कारखाने, डेरिया, कोल्ड स्टोर हैं। जो जमीन उन्होंने ₹1000 या ₹2000 में ली थी वह आज ₹100000000 से भी अधिक कीमत की है। अवस्थी आज इतने सफल हो गए क्योंकि उन्होंने उस जमीन को लिया था जिसे कोई नहीं खरीद रहा था। उस समय उन्होंने दूरदर्शिता दिखाकर जो साहस किया था आज उन्हें उसके काफी अच्छे परिणाम मिल रहे हैं।

हमें खरीदते वक्त फायदा होता है ना कि वस्तु को बेचते समय।

आप सबने अमिताभ बच्चन और शशि कपूर की फिल्म दीवार जरूर देखी होगी। इस फिल्म को भला कौन भूल सकता है। उसका सबसे यादगार डायलॉग आपको याद होगा जिसमें अमिताभ बच्चन गुस्से में आकर बोलते हैं , "मेरे पास आज गाड़ी है, बंगला है, बैंक बैलेंस है। तुम्हारे पास क्या है?" अपने बड़े भाई की बात सुनकर शशि कपूर बड़ी ही शालीनता से बोलते हैं, "मेरे पास मां है।" यह वह डायलॉग था जिसमें पूरी फिल्म का अर्थ देखने को मिलता है कि हमें अच्छे रास्ते पर चलना चाहिए। लेकिन हमें उसके साथ कुछ और बातों पर ध्यान देना होगा जो इस फिल्म में महत्वपूर्ण है जैसे शशि कपूर एक ईमानदार पुलिस स्पेक्टर थे। वह एक नौकरी कर रहे थे इसलिए वह गरीब थे। उनकी आय सीमित थी इसलिए वह अपने भाई की तुलना में गरीब व्यक्ति थे। आपने अनेकों फिल्में देखी होंगी जिसमें इंजीनियरिंग, डॉक्टर आदि की पढ़ाई के एडमिशन के लिए लाखों रुपए घूस में देते हुए दिखाया जाता है। छात्र का पिता अपने बच्चे का एडमिशन कराने के लिए बैंक से कर्जा लेता है। बच्चा जब इंजीनियर आदि बनता है तो वह उस कर्ज को चुकाने के लिए घूस लेता है। खराब मटेरियल से पुल बनाया जाता है। दो साल बाद वह पुल अचानक दुर्घटना ग्रस्त हो जाता है और इस दुर्घटना में सैकड़ों बेगुनाहों की जान चली जाती है। इंजीनियर को छोड़कर ऐसी ही कुछ कुछ मिलती-जुलती कहानी पुलिस अफसर, डॉक्टर आदि की भी है। इन उदाहरणो से हमें समझना चाहिए कि ऐसे किसका भला होगा? बच्चे का, देश का या समाज का। आप यकीन मानिए यह विचार सभी के लिए मात्र खतरा ही हो सकता है ना की किसी का भला कर सकता है। हमें अपने बच्चे को स्वावलंबी बनाना चाहिए ना की आश्रित विचारधारा का ग्रसित। हम अपनी मानसिकता को बदल कर इस दलदल से निकल सकते हैं जिसके लिए हम अपने बच्चे को बचपन से ही कुछ शिक्षाएं देकर उसे वित्त का पारखी बना सकते हैं।

1. उन्हें रुपयों की ताकत का एहसास दिलाएं।

2. उन्हें उनकी रूचि के अनुसार काम करने दें।

3. उन्हें कुछ ना कुछ सीखने को लालायित करते रहें ।

4. वित्त सेमिनारों, मोटिवेशन लेक्चरो इत्यादि में उन्हें ले जाएं।

5. निवेश, आयात, निर्यात , लाभ- हानि, शेयर मार्केट, बाजार, व्यापार आदि की भी उन्हें अच्छी जानकारी दें ।

6. यदि आप कोई व्यवसाय करते हैं तो बच्चे को जरूर उसकी जानकारी देते रहें तथा साथ-साथ में उसे उन की बारीकियों से अवगत कराते रहें।

7. अगर बच्चा अपनी हाबी में कुछ करना चाह रहा है तो उसे पर्याप्त अवसर मुहैया कराएं।

8. बच्चे में नया करने का, सीखने का उत्साह भरे जिससे वह कुछ नया करने का साहस कर सके।

9. बच्चों को मनी मैनेजमेंट कोर्स कराये, उन्हें रुपयों को मैनेज करना सिखाए ।

10. उन सम्पत्तियों के बारे में बच्चे को बताएं जो अपनी आय बढ़ाती है।

11. बच्चों को एक्टिव व पेसिव इनकम के बारे में बताएं।

इत्यादि शिक्षा से आप अपने बच्चे को वित्त ज्ञान बढ़ाने में उसकी मदद करते हैं। इन शिक्षाओं से बच्चा राजा बन सकता है। आपको यह भी जानना चाहिए कि एक नजरिया ही एक इंसान को राजा और दूसरे को नौकर बनाता है। हमें जानना चाहिए कि बच्चों के लिए शैक्षणिक ज्ञान ही काफी नहीं है। उन्हें वित्त ज्ञान भी उतना ही आवश्यक है।

बड़ा नौकर बनने से अच्छा छोटा मालिक बनना है।

रिश्तो के जाल में फंसा होना :-

दिन का पहला पहर अपने अंतिम चरण पर आ चुका था रजनी चंद्र के साथ दूर जा रही थी तो दूसरी तरफ से रवि का आवाहन होना

शुरू हो चुका था। उस धुंधली धुंधली मैं अभी भी मुंहझप्पी थी मगर बिना चेहरे के व्यक्ति दूर तक दिखाई दे रहा था। यशोदा को पलंग खाली-खाली प्रतीत हुआ तो उसकी निद्रा अचानक ही खुल चुकी थी। वह अचानक पीछे मुड़ी तो वहां पर कोई नहीं था। उसके मुंह से अचानक हाय शब्द उच्चारित हुआ और वह फफक गई और बेरोकटोक आंसू भर कर वह फूट पड़ी और रोती रही। काफी देर तक उसकी आंखों से नीर झर झर निर्झर बहते जा रहे थे। कुछ देर बाद वह शांत बैठी रही जैसे बहुत बड़ी अनहोनी उसके साथ हो गई हो। हमारे साथ भी यही होता है जब कोई प्रिय हमसे दूर हो जाता है तो हमें बहुत बुरा लगता है। हम उसके विछोह को कई बार सह नहीं पाते। मगर हमें यह भी पता होना चाहिए कि कुछ पाना है तो कुछ खोना भी पड़ता है। पाने का यही एक शाश्वत सत्य नियम है। पहले देना पड़ता है फिर मिलता है। यह नियम हर जगह काम करता है। आपने देखा भी होगा आपके घर में कंप्यूटर में पहले इनपुट देना पड़ता है फिर आउटपुट आता है। मैं यशोदा की बात कर रहा हूं वह भगवान बुद्ध की पत्नी है। और आज वह उसे छोड़कर जंगलों की तरफ जा चुके हैं। जिससे वह ज्ञान प्राप्त कर सकें और दूसरों का कल्याण कर सकें। अगर वह उस दिन घर को त्यागने का निर्णय नहीं लेते तो क्या वह कभी भगवान बन सकते थे? नहीं, यकीनन वह कभी नहीं भगवान बन पाते। हमें सबसे पहले प्रकृति के नियम को जानना चाहिए। प्रकृति हमें पहले कुछ देने को कहती है। हमें पहले त्याग करना पड़ता है फिर हमें फल मिलता है। जरा सोचें भगवान बुद्ध ने अपने ऐसो- आराम, खूबसूरत पत्नी, बच्चों, अपनी अपार संपदा व राज्य का त्याग ना किया होता तो क्या वह करोड़ों लोगों के भगवान बन पाते। कई बार हमारे साथ भी यही होता है। हम या तो बुद्ध की भूमिका में होते हैं या यशोदा की पर हममें इतना साहस नहीं होता कि हम बुद्ध बन सके या उनकी पत्नी यशोदा का ही किरदार अदा कर सकें और परिणाम भी वह नहीं होते जो आदर्श होने चाहिए। मैं आपको अपने साथ पढ़ रहे मेरे दोस्त सुमित त्रिपाठी का उदाहरण देना चाहता हूं। सुमित त्रिपाठी मेरे ही मोहल्ले का रहने वाला है। वह एक ब्राह्मण परिवार से संबंध रखता है। उसके पास सन 2016 में अमेरिका की एक

इंटरनेशनल कंपनी का अच्छे पैकेज का ऑफर आया पर उसके माता-पिता ने उसे अमेरिका इसलिए नहीं जाने दिया क्योंकि उन्हें यह डर था कि एक बार लड़का यहां से बाहर गया तो फिर हाथ से निकल जाएगा। सुमित की मा ने तो उसे अपनी कसम तक दिला दी थीं अब भला वह कैसे अमेरिका जाता। आखिरकार अमेरिका की उस कंपनी का यह ऑफर उसके हाथ से निकल कर दूसरे को मिल जाता है। सुमित आज बंगलुरु की किसी कंपनी मैं काम कर रहा है। बहरहाल उसका काम अच्छा चल रहा है फिर भी वह वहां नहीं पहुंच पाया जहां उसे होना चाहिए था या जिसके वह काबिल था। मौके हमेशा आपके पास नहीं आते इसलिए जब यह आए तो हमे इन्हें गवाना भी नहीं चाहिए। हमारे आसपास आपको ना जाने कितने सुमित मिल जाएंगे जो घर को, रिश्तो को नहीं छोड़ पाते और अपनी क्षमता के अनुसार वह कभी भी आगे नहीं बढ़ पाते। आपने उन माता-पिता को भी देखा होगा जो अपने बच्चों को अपने से दूर ना रखने के कारण उन्हें अच्छा पढ़ा लिखा भी नहीं पाते। जब वह बच्चे बड़े हो जाते है तो कुछ भी नहीं कर पाते हैं। यह बच्चे वह होते हैं जिन्हें ना तो वित्तीय ज्ञान मिला होता है और ना ही शैक्षणिक ज्ञान। इनकी हालत ठीक सर्कस के शेरों जैसी हो जाती है। एक बार एक सर्कस के मालिक को बहुत घाटा होता है। वह कोलकाता का बहुत ही फेमस सर्कस हुआ करता था। सर्कस मालिक ने अपने सर्कस को बंद करने का फैसला लिया और इसी के चलते वह अपने सर्कस के शेरों को जंगल में छुड़वा देता है। यह जब बच्चे थे तब सर्कस में आए थे। उन्होंने आज तक कभी कोई शिकार नहीं किया था। उनके सामने गोस्त डाल दिया जाता था जिससे वह अपना पेट बिना शिकार के ही भर लेते थे। अब वह शेर के बच्चें बड़े हो चुके थे लेकिन उन्होंने कभी शिकार नहीं किया था। वह बिना शिकार के ही व्यस्क हो चुके थे। जब उनको जंगल में छोड़ा गया तो वह किसी जीव का शिकार ना कर सके और कुछ दिनों में ही वह सारे शेर जंगल में मारे जाते हैं। अब आपको सोचना होगा कि आप अपने बच्चों को सर्कस का शेर बनाना चाहते हैं या जंगल का बब्बर शेर। जंगल का राजा बनाना चाहते हैं तो उन्हें अपने अनुसार जीने दे। उन्हें ममता से इतना ना बांधे कि वह कुछ

कर ही ना पाए। यह तो यशोदा की स्थिति रही। अब आती है खुद की यानी कर्म योद्धा की बारी। मेरे एक रिश्तेदार हैं जो कभी कुछ नहीं कर पाते क्योंकि उन्हें अपने आसपास कुछ उनके करने योग्य नहीं दिखता और वह अपना गांव, शहर इसलिए नहीं छोड़ते हैं क्योंकि उनको अपने गांव, इसके लोगों, परिवार वालो से बहुत ज्यादा ही प्यार है। उनको मैं लगभग 15 सालों से देख रहा हूं वह आज भी वैसे ही है जैसे 15 साल पहले थे। उन्होंने कुछ भी नया नहीं किया है। वह आज भी उन्हीं तकलीफों में जी रहे हैं जैसे कभी पहले जीते थे और मुझे पूर्णता विश्वास है कि वह आगे भी ऐसे ही जीते रहेंगे। इन व्यक्तियों को छोड़कर के एक अन्य प्रवृति के इंसान भी होते हैं जो दूसरों पर हमेशा निर्भर रहते हैं। इन व्यक्तियों को अगर हम परजीवी की उपाधि दे तो कुछ गलत नहीं होगा। यह वह प्राणी है जो ना तो बुद्ध होते हैं और ना ही यशोदा। इन्हें मालूम भी नहीं होता पर यह हमेशा दूसरों पर जीने के लिए निर्भर रहते हैं। फिलहाल हम यहां पर रिश्तो को अपने लक्ष्यों के मध्य में ना आने की विवेचना कर रहे हैं इसलिए हम बुद्ध और यशोदा के किरदार पर ध्यान केंद्रित करते हैं। बहरहाल अगर आपको कुछ भी करना है तो अपने ऊपर मोहपास का बाड़ ना चलने दे अगर यह बाड़ आपको लग गया तो आप यकीन माने यह बाड़ आपको कुछ करने के लायक नहीं छोड़ता है। आप कुछ करना चाहते हैं तो बुद्ध की तरह ही इस जाल से निकलना पड़ेगा तभी आप अपने को सिद्ध कर पाएंगे जैसा बुद्ध ने किया था।

2. स्वयं से उत्पन्न चुनौतियां :-

यह वह चुनौतियां हैं जो स्वयं में पाई जाती हैं। स्वयं से उत्पन्न चुनौतियों को मैं बाहरी चुनौतियों से बड़ा मानता हूं क्योंकि बाहरी चुनौतियों से आपको तब लड़ने की जरूरत पड़ती है जब आप अंदर से उत्पन्न चुनौतियों को हरा देते हैं। अंदरूनी कमियां जो हमें हमारी सफलता पाने से रोकती हैं वह एक चुनौती के रूप में हमारे सामने आ जाती हैं। यह वह कमियां हैं जो हमको कमजोर करती रहती हैं। हमें इन चुनौतियों को जानना है और उन्हें दूर करके

अपने सफलता प्राप्ति के रास्ते को प्रशस्त करना है। मैं ऐसी ही कुछ अहम चुनौतियों की बात करने जा रहा हूं जो स्वयं से उत्पन्न विषम परिस्थितियां बनाती हैं ये हमको उन्नति के पथ पर जाने से रोके रहती हैं। हमें अच्छी तरह उन चुनौतियों को समझ लेना चाहिए। हमें यह भी अच्छी तरह जान लेना होगा कि बिना इन चुनौतियों को दूर किए हम कुछ भी नहीं कर सकते। हम अपने लक्ष्य को नहीं प्राप्त कर सकते।

सबसे पहले हमें स्वयं का सुधार करना पड़ता है।

"अगर आपमें कण के एक टुकड़े जितना भी आत्मविश्वास है तो आप कभी भी नहीं हार सकते।"

\- **अतुल सिंह**

आइए ऐसी ही कुछ चुनौतियों के बारे में जानते हैं।

आत्मविश्वास की कमी :-

सबसे बड़ी चुनौती यही है कि हममें आत्मविश्वास की कमी होती है। हम यह सोचते हैं कि हम से यह नहीं हो पाएगा नतीजा हमसे वह काम कभी नहीं हो पाता। आप सबने बाहुबली में युद्ध का वह दृश्य जरूर देखा होगा जिसमें विशाल शत्रु की सेना से देवगामी सेना डर जाती है। अपने शिविर में दुश्मन की पताका लहराते देख देवगामी सेना मृत्यु से आतंकित हो जाती है। देवगामी सेना पूर्ण रूप से हतोत्साहित हो जाती है और लगभग हार से कुछ ही छड़ दूर दिखाई देती है कि तभी फिल्म का नायक बाहुबली मृत्यु को परिभाषित करता है । वह अपने में व्याप्त डर को मृत्यु का रुप कह कर बुलाता है। वह सेना में उत्साह भरते हुए डर को अपने अंदर से निकालने का आवाहन करता है। अपने अंदर मृत्यु पर विजय प्राप्त करने का आत्मविश्वास जागृत करता है। सेना में उत्साह का संचार करता है जिससे देवगामी सेना उत्साह व आत्मविश्वास से पुनः भर जाती है और देवगामी सेना विशाल शत्रु की सेना पर हावी हो जाती है। उनकी संख्या दुश्मनों की संख्या के आगे बहुत ही

कम होती है परंतु उनके आत्मविश्वास उत्साह के आगे दुश्मन की सेना कमजोर पड़ जाती है और अंततः देवगामी सेना विजय प्राप्त करती है। इस प्रकार इस दृश्य में आपको बताया गया है कि विषम से विषम परिस्थिति को आप अपने आत्मविश्वास से जीत सकते हैं।

"जब हौसला बना लिया

ऊंची उड़ान का ,

फिर देखना फिजूल है

कद आसमान का ।"

- अज्ञात

जब तक आप हार नहीं मानते तब तक आपको कोई नहीं हरा सकता ।

आत्मविश्वास ईश्वर की दी हुई वह ऊर्जा है जिससे आप कुछ भी विजय कर सकते हैं। यह उर्जा स्वयं को स्वयं में भरनी पड़ती है। हमारा इतिहास ऐसे कई उदाहरणों से भरा पड़ा है जो अपने आत्मविश्वास की दम पर ही अपना नाम इतिहास में लिखवाने में सफल रहे है जिनमें मैकडोनाल्ड के संस्थापक मैरिस मैकडोनाल्ड, डिजनी के संस्थापक वाल्ट डिजनी, माइक्रोसॉफ्ट के संस्थापक बिल गेट्स , बायजू कम्पनी के संस्थापक रवींद्रन बायजू और फेसबुक के संस्थापक जुकर बर्ग इत्यादि अनेकों उदाहरण रहे हैं।

" मैं श्रेष्ठ हूं यह आत्मविश्वास है लेकिन मैं ही श्रेष्ठ हूं यह अहंकार है।"

आत्मविश्वास होना निहायत ही जरूरी है। हम इसके बिना अच्छे से जी भी नहीं सकते ना रह सकते हैं। हमें अगर सम्मान के साथ रहना है तो हममें आत्मविश्वास का होना बहुत ही जरूरी है परंतु कभी-कभी हममें आत्मविश्वास नहीं होता बल्कि आत्मविश्वास की जगह हममें अहंकार की भावना व्याप्त हो जाती है जिससे हम अपना ही पतन कर बैठते हैं क्योंकि आत्मविश्वास जहां हमें समाज में सम्मान का पात्र बनाती है वही अहंकार हमें समाज में अपमान का पात्र

बना देती है अतः हमें आत्मविश्वास और अहंकार में फर्क करना होगा। अहंकार से बचना होगा और आत्मविश्वास को अपने में समाहित करना होगा जिससे हम अपने भविष्य को उज्जवल कर सकें।

प्रकाश और अंधकार हमारे जीवन के दो पहलू हैं। हमें घनघोर अंधेरे अर्थात परेशानियों में भी याद रखना चाहिए कि प्रकाश की एक किरण भी बड़े से बड़े अंधेरे को खत्म कर देती है। हम दृढ़ विश्वास रख कर, मन को काबू में रख कर लोभ, मोह, माया, काम व क्रोध से दूर रहकर, बड़ी से बड़ी कामयाबी हासिल कर सकते हैं।

दूरदर्शिता की कमी :-

यह एक अहम कमी होती है जो मुख्यता अधिक से अधिक लोगों में देखने को मिल जाती है। कई ऐसे लोग होते हैं जो स्थिति को भापने की भूल कर देते हैं और बाद में पछताते हैं। मैंने कुछ कमर्शियल जमीन खरीदी थी जो बिल्कुल ही रोड पर थी। इस जमीन पर कमर्शियल कुछ भी किया जा सकता था। यह जमीन मैंने सतीश चंद्र से ली थी। सतीश कभी मामूली व्यक्ति हुआ करता था। उसके पास कुछ भी नहीं होता था कि तभी राष्ट्रीय अखबार में गोला रोड बनने की सरकारी विज्ञप्ति निकलती है। सरकारी विज्ञप्ति देख सतीश चंद्र ने अपनी इधर- उधर की जमीन बेच डाली और रोड के किनारे वह बड़ी जमीन खरीद ली थी। कुछ समय बाद रोड बन गई । अब इस जमीन की कीमत काफी बढ़ चुकी थी। सतीश चंद्र ने उस जमीन को प्लाटों में बेचकर काफी धन कमाया। यह सतीश की दूरदर्शिता थी जो उसने सरकारी विज्ञप्ति पर तुरंत कदम उठाया और आज काफी अच्छा मुनाफा कमा लिया था। कितने लोगों ने वह विज्ञप्ति देखी होगी पर किसी ने उस अवसर को ना देखा जो अवसर सतीश चंद्र ने देखा था और लोगों ने अखबार को बासी होने पर फेंक दिया होगा। ऐसा हमारे साथ होता रहता है हम अनेकों अवसर यूं ही गवा देते हैं और बाद में अपनी मूर्खता पर पछताते हैं। मेरा शहर में मकान है उसके आसपास में

उस समय जब हमारा मकान बना था तब काफी सस्ती जमीने हुआ करती थी। मेरे पिता ने अगर थोड़ी सी दिलचस्पी दिखाई होती तो वह उन जमीनों को ले सकते थे और आज काफी अच्छा मुनाफा कमा सकते थे। हमारे आसपास अनेकों उदाहरण देखने को मिलते हैं जो विभिन्न अवसरों के रूप में हमारे सामने आते हैं और हमारी दूरदर्शिता की कमी के चलते वह निकल जाते हैं। हमें भी दूरदर्शिता की कमी को दूर करना होगा और अपने में इस खूबी को विकसित करना होगा। हमे अवसरों का लाभ उठाना होगा। अवसर सभी के पास समान रूप से आता है पर उसका फायदा केवल कुछ ही लोग उठाते हैं।

दूरदर्शिता अवसरों को मुहैया कराने का सबसे बड़ा साधन है।

महत्वकांक्षी न होना :-

अगर आपने इतिहास के पन्ने पढ़ रखे हैं तो आपको चंद्रगुप्त, अलाउद्दीन खिलजी, कुतुबुद्दीन ऐबक, शेरशाह सूरी व छत्रपति शिवाजी जैसे अनेकों अत्यंत महत्वकांक्षी शासक मिलते हैं जो अपने महत्वाकांक्षा के दम पर भारत जैसे विशाल देश के शासक बन गए। हमें महत्वाकांक्षा के बारे में जानना होगा। इसे अपने अंदर उतनी ही गहराइयों तक उतारना होगा जितनी गहराइयों में इन उपरोक्त शासकों ने अपने अंदर उतारा था जिससे वह भारत जैसे विशाल देश के शासक बन पाए। यह वह इंधन होता है जो हमें हमारे लक्ष्य तक पहुंचाने में मदद करता है। धीरूभाई अंबानी, रतन टाटा इत्यादि प्रबल महत्वकांक्षी होने के आज के संदर्भ में उदाहरण देखने को मिलते हैं। प्रबल महत्वकांक्षी होने का एक उत्तम उदाहरण मैं आपको देता हूं। एक समय एक राजा एक बड़े विशाल राज्य पर राज करता था। वह राजा न्याय प्रिय, प्रजा पालक था। उसकी राज्य में प्रजा सुख, शांति से रहती थी। राजा को प्रजा भगवान की तरह पूजती थी। राजा अपने कामकाज में व्यस्त रहता था। राजा शांति के साथ राज करने के पक्ष में था। वह किसी भी

राज्य के साथ युद्ध करने के पक्ष में नहीं था पर उसके पड़ोस का राज्य अक्सर उसके लिए आतंक का पर्याय बना रहता था। पड़ोसी राजा काफी दुराचारी स्वभाव का था। राजा पड़ोस के आतंकी राजा से बिना लड़ाई के ही सुलाह चाह रहा था क्योंकि वह बिना वजह की लड़ाई करके अपने राज्य के धन, जन की हानि नहीं चाहता था। राजा ने कई बार पड़ोसी राज्य से अपने राज्य के अच्छे संबंध करने की कोशिश की परंतु राजा सफल नहीं हुआ था। राजा ने अपनी मंत्रिमंडल की बैठक बुलाई और इस गंभीर समस्या पर मंत्रणा की। राजा की महत्वाकांक्षा थी कि बिना लड़ाई के ही पड़ोसी राज्य को मित्रता के साथ रहने के लिए शांतिपूर्वक मना लिया जाए। राजा के एक वरिष्ठ मंत्री ने उन्हें एक सलाह दी । सलाह यह थी की राजकुमार की शादी आतंकित राज्य के राजा की पुत्री से करवा दी जाए तो यह विषम स्थिति हमारे लिए सम हो जाएगी और पड़ोसी राज्य का खतरा स्वतः ही खत्म हो जाएगा। राजा को मंत्री की यह युक्ति अच्छी लगती है। राजा अपने राजकुमार से इस बारे में विचार विमर्श करता है। राजकुमार देश की भलाई के लिए अपने पिता की बात सहर्ष स्वीकार कर लेता है। कुछ ही दिनों में राजा शुभ मुहूर्त देख पड़ोसी राज्य में राजकुमार की शादी का प्रस्ताव भेज देता है। पड़ोसी राज्य का राजा अच्छी तरह समझता था कि यह रिश्ता उसकी बेटी के लिए सबसे अच्छा रहेगा क्योंकि उसके पड़ोस का राज्य उससे कहीं अधिक समृद्ध व संपन्न था। वह उससे कभी भी सामने से युद्ध जीतने की स्थिति में नहीं था। उसने अपने मंत्रियों से इस रिश्ते के बारे में मंत्रणा की। उसके मंत्रियों ने राजा को राजकुमारी की शादी पड़ोस के राजकुमार के साथ करने को उचित ठहराया। राजा ने इस रिश्ते को सहर्ष स्वीकार कर लिया। राजकुमार और राजकुमारी की शादी हो गई। शादी होते ही दोनों देश मित्र बन गए और यह विषम स्थिति उस शांति प्रिय राजा के पक्ष में आ गई। यह सब राजा की महत्वाकांक्षा का ही परिणाम था जो बिना किसी युद्ध के ही उसने अपने पक्ष में कर लिया था । हमें भी इस बात पर जोर देना होगा। उसकी महत्ता पर नजर डालनी होगी और अपने अंदर भी महत्वाकांक्षा रखनी होगी। वह महत्वाकांक्षा आपका अपना लक्ष्य प्राप्त करने का भी हो सकता है

। महत्वाकांक्षा के बिना आप क्या कोई लक्ष्य प्राप्त कर सकेंगे? इस तथ्य पर भी विचार करना पड़ेगा अतः आप महत्वकांक्षी बने और अपने लक्ष्य को इंधन प्रदान करें ।

आपकी महत्वाकांक्षा आपके लक्ष्य के लिए इंधन का काम करती है।

नया करने में साहस की कमी :-

हम अधिकांशतः वही काम करते रहते हैं जो हमें हमारे पूर्वजों ने बताया, सिखाया या दिखाया होता है। हम इस प्रचलन से कुछ अलग नहीं करना चाहते और इसी दौड़ में सम्मिलित हो जाते हैं। हम अपनी पूरी जिंदगी उसी पुराने तोर, तरीके से जीते रहते हैं जैसे हमसे पहले लोग जीते आए थे। इसी तरह से काम, रोजगार, दिनचर्या इत्यादि में भी ठीक वैसी ही पुनरावृत्ति देखने को मिल जाती है। जब तक हम हटकर नहीं सोचते हम उसी भीड़ का हिस्सा नजर आते हैं। मेरे गुरू मिस्टर अश्वनी जी हमेशा ही भीड़ से बाहर निकलने पर जोर देते रहते थे।

"भीड़ में खड़ा होना

मकसद नहीं है मेरा,

बल्कि भीड़ जिसके लिए खड़ी है

वह बनना है मुझे।"

वह हमसे कीड़े मकोड़े की तरह नहीं रहने को कहते रहते थे। हमें उसमें से निकलना पड़ेगा कुछ नया करना पड़ेगा की बात हमेशा करते थे। मैं आपको टाइम मैगजीन की पहली किड ऑफ दी ईयर बनी गीतांजलि राव के बारे में बताना चाहूंगा जो 11 साल की उम्र में अमेरिका की फिनलेड सिटी में हो रहे वाटर क्राइसिस को देख जहां पानी में लीड की मात्रा बढ़ने के कारण पूरे सिटी में पानी की प्रॉब्लम बढ़ गई थी , शहर की मदद करने की ठानी। गीतांजलि ने अपनी मां को बेसिक टेस्ट स्ट्रिप को यूज करते हुए देखा जो उन्हें

सही तरीका नहीं लगा । गीतांजलि को एक डिवाइस बनाने का प्लान आया जिसकी मदद से पानी में लीड की मात्रा आसानी से चेक की जा सकती हो जिसके लिए उसने 3D मैन्युफैक्चरिंग कंपनी के रिसर्चर से बात की। उसने गीतांजली का स्वागत किया। गीतांजलि ने अपना डिवाइस TETHYS को लांच किया जो लीड के साथ टच होने से अपना रंग और रेजिस्टेंस चेंज करता है। आज अमेरिका ही नहीं अन्य देश भी गीतांजलि की इस डिवाइस को यूज कर रहे हैं। यह डिवाइस $20 में आसानी से मिल जाती है। गीतांजलि को अमेरिका का टॉप यंगेस्ट साइंटिस्ट का अवार्ड दिया गया जिसके साथ उन्हें $25000 केस प्राइस मिला। उन्हें फोर्स 2019 में 30 अंडर के लिस्ट में शामिल किया गया। अमेरिका का एनवायरमेंटल प्रोटक्शन अवार्ड दिया गया। टॉप हेल्थ प्लस प्राइस स्टूडेंट चैलेंज भी गीतांजलि को दिया गया। यह सब गीतांजलि ने उस उम्र में हासिल किया जब बच्चे खेलकूद करने में रहते हैं। गीतांजलि के नया करने के साहस के चलते आज वह एक सफल वैज्ञानिक बन चुकी हैं। गीतांजलि की इस कहानी से हमें कुछ नया करने की सीख व साहस मिलती है। आप जिसे भी सफल मानते हैं तो आप यकीन करें कि उसने कुछ नया किया है। जब हम नया करते हैं तो हम उन करोड़ों कीड़े मकोड़ों की भीड़ से बाहर निकलते हैं।

लगन की कमी :-

यह वह चीज है जो हमारे लक्ष्य को समय से या समय से पहले दे देती है मान लीजिए अगर आपके पास आपका एक लक्ष्य है कि आपको अपने गांव का सबसे अमीर व्यक्ति बनना है तो उसके लिए आपको काम करने की जरूरत पड़ती है और उस काम को करने की क्षमता, कार्यकुशलता व काम करने का कौशल इत्यादि आपकी लगन पर निर्भर करती है। आपको सोचने की जरूरत पड़ेगी, नई विचारधाराओं, जरूरतों को जानने की, गांव के उत्पादन और निर्यात इत्यादि की जानकारी की जरूरत या आपका वह क्षेत्र जिसमें आप काफी आगे हैं उसमें और आगे की जानकारी की

जरूरत हो सकती है। जिसके लिए आपको अपने को इन सब के लिए समर्पित करना पड़ेगा। यह आप का समर्पण ही कार्य के प्रति आपकी लगन है। भारत के महान स्वतंत्रता संग्राम सेनानी लाला लाजपत राय की मृत्यु ने भगत सिंह को काफी आहत किया। भगत सिंह ने उनकी मौत का बदला लेने की योजना बनाई। उस योजना के प्रति वह समर्पित हो गए। उन्होंने उस अंग्रेज अफसर सांडर्स को मात्र 1 महीने के अंदर ही 17 दिसंबर 1928 को मौत के घाट उतार दिया और लाला लाजपत राय की मौत का बदला ले लिया जिसके लिए उन्हें 23 मार्च 1931 को राजगुरु व सहदेव के साथ फांसी पर लटका दिया गया। यह उनका आजादी के लिए सर्वस्व समर्पण था। यह उनकी आजादी के लिए दीवानगी थी। भारत 15 अगस्त 1947 को आजाद हुआ जिसमें इन महान योद्धाओं का बहुमूल्य योगदान था। यह इनकी आजादी के प्रति लगन ही थी जो अंग्रेज अधिक दिन तक भारत को गुलाम नहीं बना पाए। इससे प्यारा इस संसार में लगन को परिभाषित करने का कोई दूसरा उदाहरण नहीं मिल सकता अतः हमें अपने लक्ष्य के प्रति ऐसी ही लगन रखनी है। जब तक हमारा लक्ष्य पूरा ना हो हमें सुकून की नींद नहीं आनी चाहिए। यह स्थिति लगन की स्थिति होती है। हम इसे यूं भी समझ सकते हैं, "लगन यानी काम या लक्ष्य के प्रति निष्ठा।"

लगन = काम के प्रति निष्ठा

इसका उदाहरण भजन सम्राट अनूप जलोटा जी के एक बहुचर्चित, बहु विख्यात भजन से भी मिलता है जो इस प्रकार है।

"ऐसी लागी लगन
मीरा हो गई मगन।
वो तो गली गली
हरी नाम गाने लगीं।"

इस भजन में भगवान श्री कृष्ण की परम प्रिय, उपासक मीरा का उदाहरण दिया गया है। उनकी भगवान के प्रति लगन थी, निष्ठा थी जिससे वह सशरीर भगवान की प्रतिमा में विलुप्त हो गई अतः

हमारी अपने लक्ष्य के प्रति ऐसी ही लगन होनी चाहिए, ऐसा ही समर्पण भाव होना चाहिए, ऐसी ही निष्ठा होनी चाहिए जिससे हमारा लक्ष्य हमको समय से मिल सके।

सक्रियता से दूर रहना :-

हम सबसे बड़ी गलती यही करते हैं कि हम हमारे आसपास की घटनाओं पर ध्यान नहीं देते हैं। हमारे पड़ोस में क्या घटित हुआ?, बाजार का क्या माहौल रहा?, समाज में क्या हुआ?, देश में क्या चल रहा है? इत्यादि यह ऐसी न्यूज़ है जो हमें पता नहीं होती जिससे हम सामाजिक रूप से काफी पिछड़ जाते हैं। हमें परिवार , समाज, बाजार, उद्योग, शहर व देश विदेश की विस्तृत जानकारी लेनी चाहिए क्योंकि यह वह जानकारी है जो हमको समाज में रहते हुए हमारे विकास में एक अहम भूमिका निभाती है। यह जानकारी हमारे लिए अति आवश्यक होती है। यह वह जानकारी है जो हमें इनके साथ अपडेट करती रहती है। यह हमारा व समाज का तालमेल बैठाकर रखती है। हम सक्रिय होते हैं तो हम अवसरों का सृजन अधिक कर पाते हैं और जब हम सक्रिय नहीं होते तो हाथ आया अवसर भी निकल जाता है। जैसा कि मेरे पिता काफी कम सक्रिय रहते हैं। उनको समाज की ज्यादा खबर नहीं होती है। वह अपने काम में ही लगे रहना पसंद करते हैं। एक दिन मेरे रिश्तेदार ने मेरे साथ का ही प्लाट काफी सस्ता बेच दिया जो कि मोहल्ले के ही अजय श्रीवास्तव ने ले लिया। पिता अगर थोड़ा सक्रिय होते तो यह प्लाट हमारा होना था वह भी काफी अच्छे रेट पर। यह तो एक जीवंत उदाहरण है अगर हम इतिहास की बात करें तो औरंगजेब अपने भाइयों की अपेक्षा काफी ज्यादा सक्रिय था जिससे उसने अपने सभी भाइयों को मौत के घाट उतार कर खुद सिंहासन पर बैठ गया। जबकि उसके पिता शाहजहां अपने बड़े बेटे दारा शिकोह को गद्दी पर बैठाना चाहते थे। आप एक अमीर होने का लक्ष्य रखते हैं तो आपको समाज के प्रति सक्रिय भूमिका निभानी पड़ती है । सक्रियता जितनी अधिक होगी आपकी सफलता की

गारंटी उतनी ही बढ़ती जाती है। इसको कुछ इस तरह समझे, जैसे-

सक्रियता = सफलता का अवसर

अमीर लोगों को हमेशा अमीर बने रहने के लिए सक्रिय बनना पड़ता है अगर वह जरा सी भी लापरवाही बरते तो उनके प्रतिद्वंदी इस चीज का लाभ उठा लेते हैं और उनको काफी ज्यादा नुकसान उठाना पड़ सकता है। आपने अनेकों फिल्में देखी होंगी जिसमें नायक या नायिका एक सफल बिजनेस कर रहे होते हैं पर अपनी जरा सी चूक से वह आसमान से गिरकर जमीन पर खड़े होते हैं। इसलिए आपको भी सक्रिय होना पड़ेगा जिससे आप अपने अमीर बनने के लक्ष्य को जल्द से जल्द पूरा कर सकें। सक्रियता सफलता के लिए एक निहायत ही जरूरी गुण है। हमें इस गुण को अपने अंदर विकसित करना होगा जिससे हम ज्यादा से ज्यादा अवसरों का सृजन कर अपने लक्ष्य को समय से साध सकें।

अच्छी संगत से दूर रहना :-

हम अधिकांशतः अच्छे लोगों, उनकी संगत, उसके लाभ पर विशेष ध्यान नहीं देते हैं पर आपको इस तथ्य को गंभीरता से लेने की जरूरत है। अच्छे लोग अच्छे विचार और बुरे लोग बुरे विचार का संप्रेषण करते हैं जो हमेशा हमें प्रभावित करते हैं। इसके लिए मैं आपको अपने अंकल का उदाहरण देना चाहूंगा। मेरे अंकल जो गांव में रहते हैं। एक बार उनके गांव के लोगों की दूसरे गांव में लड़ाई हो गई। दूसरा गांव जो कि कस्बे के पास में ही था। दूसरा गांव अंकल के गांव से कुछ ज्यादा दूर नहीं था इसलिए अंकल के गांव के लोगों को वह लोग कस्बे में जाने से रोक रहे थे। मेरे अंकल जो एक सामाजिक व्यक्ति हैं उनकी राजनीतिक व प्रशासनिक उठा बैठ रहती है। उन्होंने उस कस्बे के कोतवाल, जिनके साथ उनकी अच्छी बनती थी को सारी बात बताई। कोतवाल मेरे अंकल के साथ उस गांव में गए और उस गांव के लोगों को शांति से रहने के लिए सख्ती से हिदायत दे दी। उसके बाद सब शांत हो गए।

दोनों गांव फिर पहले जैसे शांति से रहने लगे । जिससे एक बड़ी घटना घटने से बच गई। इस उपलब्धि में मेरे अंकल का बहुत बड़ा योगदान था। उनकी अच्छी संगत का ही फल था कि दोनों गांव फिर से शांति से रहने लगे। यह एक जीवंत उदाहरण है जिसे मैंने आपको संगत का फल बताने के लिए दिया है। अच्छी संगत के अच्छे तो बुरी संगत के बुरे परिणाम मिलते हैं । आपने ना जाने कितने बच्चों को देखा होगा जो अपनी नासमझी और अपने अभिभावक की नजर अंदाजी के चलते बुरी संगत में फस जाते हैं और वह भिन्न-भिन्न प्रकार के नशे, सट्टे व बुरे कर्म आदि बुरी आदतों के आदी बन जाते हैं और वह जल्द ही अपने पतन को प्राप्त कर लेते हैं अतः आप अच्छी संगत करें । जैसे- अगर आपको एक क्रिकेटर बनना है तो एक बड़े क्रिकेटर खिलाड़ी से दोस्ती करनी चाहिए जो आपको अच्छा रास्ता बता सके इसी तरह अगर आपको लेखक बनना है तो एक लेखक से, सिंगर बनना है तो सिंगर से, एक्टर बनना है तो एक्टर से, जिस क्षेत्र में आपका लक्ष्य है उसी क्षेत्र के व्यक्ति से मित्रता करने में आपकी प्राथमिकता आपके लिए लाभदायक सिद्ध होगी। संगत का हम पर कैसा असर पड़ता है? यह किसी से छिपा नहीं रह सका है इसलिए संत कबीर दास जी ने संगत की महत्ता पर जोर देते हुए अनेको दोहे कहे हैं जिनमें से एक दोहा इस प्रकार है ।

"संगत कीजै साधु की
कभी न निस्फ़ल होय,
लोहा पारस परस्ते
सो भी कंचन होय।"

अर्थात अच्छे लोगों की संगत कभी भी खराब नहीं जाती जैसे पारस से लोहा छूने से वह सोना बन जाता है ठीक उसी प्रकार अच्छे लोगों की संगत बुरे व्यक्ति को भी अच्छा बना देती है। हमें भी अच्छी संगत की महत्ता को जानते हुए इसकी विशेषता पर ध्यान देना होगा और अच्छी संगत को प्राथमिकता देकर अपने अंदर व्याप्त बुराइयों को मिटाकर के उज्जवल रास्ते पर चलकर अपने जीवन के उद्देश्य को प्राप्त करना होगा।

सफलता के लिए अच्छी आदत न बनाना :-

हमें हमारी अच्छी आदतें हमको सफलता के लिए प्रेरित करती हुई मिलती है। मुझे याद है जब मैं काफी छोटा था तो लोग जल्दी उठ जाया करते थे और तेज धूप निकलने तक अपने हल से अपना खेत जोत कर वापस घर को आ जाया करते थे। यह उन सफल किसानों की आदत होती थी जो सूरज की गर्मी को अपने और फसल के बीच नहीं आने देते थे। मेरे एक जान पहचान के व्यक्ति वर्मा जी हैं जो प्रॉपर्टी डीलिंग का काम करते हैं। वह लगभग सारा समय प्रॉपर्टी को ही देखते रहते हैं। उनकी एक आदत में आपको बताना चाहूंगा जिसे मैंने कई बार नोटिस किया है कि वह प्रॉपर्टी देखने के लिए दोपहर का ही समय निर्धारित करते हैं। उनका मानना है कि यह वह समय होता है जब प्रॉपर्टी का मालिक निश्चित रूप से घर पर मिल जाता है। एक बार मैंने उनसे पूछा कि क्या बात है, वर्मा जी आप दोपहर को ही क्यो प्रॉपर्टी देखने निकल पड़ते हैं? आप को गर्मी नहीं लगती क्या? जिस पर उन्होंने बड़ी सहजता से मुझे उत्तर दिया था कि गर्मी है तो लगेगी क्यों नहीं? गर्मी तो लगती है पर मुझे मेरी आदत बैठने नहीं देती। उनकी यह बात सुनकर मुझे काफी अच्छा लगा और आज मैं उनकी सफलता का श्रेय उनकी इस अच्छी आदत को देना चाहूंगा। यह उनकी सफलता के लिए बनाई गई एक अच्छी आदत थी जो उन्हें दोपहर को भी सोने नहीं देती थीं। आज वर्मा जी मेरे शहर के टॉप प्रॉपर्टी डीलर में आते हैं। वर्मा जी के उदाहरण से यह ज्ञात होता है कि हमें सफलता के लिए आदतें बनानी पड़ती हैं। यह आदतें हमारे और लक्ष्य के मध्य मार्ग की तरह होती है जो हमें लक्ष्य से विमुख होने से रोकती हैं। अच्छी आदतें इस बात की परिचायक होती है कि आप कुछ अच्छा करने वाले हैं। इन्हीं अच्छी आदतों में हमें अपने जीवन में दो सूत्रों को उतारने की विशेष जरूरत है। जिसमें पहला है दूसरों की बातों पर ध्यान न देना और दूसरा है हमेशा खुश रहना।

i) दूसरों की बातों पर ध्यान न देना :-

हम जब कोई अच्छा कार्य करते हैं तो उसके कई आलोचक हमारे सामने आ जाते हैं परंतु जब हम कोई गलती करते हैं तब पर भी कई आलोचक हमारे सामने होते हैं। दोनों ही स्थितियों में हमें आलोचकों का सामना करना पड़ता है इसलिए हमें इन आलोचकों से सामना करने के लिए तैयार रहना होगा। हमें अपने लक्ष्य के प्रति समर्पित होकर उसी के प्रति अपने हर कर्म को समर्पित करते रहना होगा ना कि आलोचकों पे ध्यान देने पर। कभी-कभी जब हम कुछ करना चाहते हैं तो लोग हमें रोकने के उद्देश्य से हमारी आलोचना करते हैं और हम उनकी बातों में आकर अपने पथ से भ्रमित हो जाते हैं। हम अपने लक्ष्य को भूल जाते हैं अतः हमें दूसरों की बातों पर ध्यान ना देकर अपनी मंजिल की तरफ आगे बढ़ते रहना होगा लेकिन यहां पर हमें उन आलोचकों को अपने पास रखना चाहिए जो हमारे उज्जवल भविष्य की कामना करते हैं जिसके लिए कबीर दास जी ने कहा है ।

"निंदक नियरे राखिए

आंगन कुटी छवाय,

बिन पानी साबुन बिना

निर्मल करे सुभाय।"

ii) हमेशा खुश रहना :-

हम अधिकांशतः छोटी से छोटी बात को बड़ा मान लेते हैं और हताश होकर अपने लक्ष्य से विमुख हो जाते हैं। जब हम कोई लक्ष्य रखते हैं और उस मार्ग पर आगे बढ़ते हैं तो कठिनाइयां स्वतः ही हमारे मार्ग में आती हैं लेकिन हमें इन कठिनाइयों से परेशान ना होकर आगे की तरफ देखना है ना की पीछे की तरफ। हमें छोटी-छोटी खुशियों से खुश होना आना चाहिए क्योंकि छोटी छोटी खुशियां हमें वह सब दे देती हैं जो शायद कभी-कभी बड़ी से बड़ी खुशी नहीं दे पाती है। मुझे याद है कि जब हमारे गांव घर में छोटी

सी पूजा के उपलक्ष्य में पूरे परिवार, रिश्तेदार, दोस्तों व समाज के कुछ जानकार लोगों को इकट्ठा करते हैं , उनका खान पेन करते हैं तो इतने से ही हमको काफी ऊर्जा मिलती है। हमारी अच्छी भावनाओं में, खुशियों में बढ़ोतरी होती है। हमें हमेशा खुश रहना होगा क्योंकि जब हम हमेशा खुश रहेंगे तो बड़े से बड़ा लक्ष्य हंसते हुए प्रसन्नचित्त मन से सहज ही प्राप्त कर लेते हैं।

"आपका खुश रहना ही आपके दुश्मनों के लिए सबसे बड़ी सजा है।"

- चाणक्य

सफलता के लिए बनाई गई आदतें आपके और लक्ष्य के मध्य सुस्पष्ट मार्ग का काम करती है।

देने की कला न आना :-

अमीर लोग देने की कला पर विश्वास करते हैं वह जरूरतमंदों, ट्रस्टों इत्यादि में दान देते हैं। आप अपनी सबसे बड़ी चीज को दान करें वह आपको मल्टीपल होकर वापस मिल जाएगी। यही तो प्रकृति का नियम है। रतन टाटा, फोर्ड फाउंडेशन हमेशा दान देते रहते हैं। अमीर दान देने की प्रवृत्ति रखते हैं जबकि गरीब देने की जगह लेने की प्रवृत्ति रखते हैं। यह प्रवृत्ति ही गरीब को हमेशा गरीब बनाए रखती है और अमीर को अमीर। मैंने आपको पहले ही ईश्वर के प्रकृति का नियम बताया है। सब कुछ हमारे विचारों पर, हमारे नजरिए पर निर्भर करता है। जब हम देने की रुचि रखते हैं तो ईश्वर हमको देने के लिए पर्याप्त मात्रा में धन, संपत्ति मुहैया कराता है और जब हम लेने की विचारधारा रखते हैं तो हम अपने को दूसरे पर आश्रित कर देते हैं अतः दोनों ही स्थितियों में ईश्वर हमारी मनोकामनाएं पूर्ण करता है जो दूसरों को देना चाहते हैं उनके हाथों में धन देकर ईश्वर उनसे दान करवाता है और जो पाने की प्रवृत्ति रखते हैं उनको दान दिलाता है। आप अगर अमीर बनना चाहते हैं तो देने की कला सीखे जब आप देने की कला सीखते हैं

तो प्रकृति आपको देने के लिए पर्याप्त मात्रा में धन मुहैया कराती है अतः आप भी लेने की जगह देने की प्रवृत्ति अपनाएं फिर देखें आपके पास धन संपत्ति इत्यादि कहां से आता है आपको भी पता नहीं चलेगा।

गरीब हमेशा पाने के बारे में सोचता है तो अमीर हमेशा देने के बारे में। देने की प्रवृत्ति रामबाण की तरह काम करती है जब आप किसी को देते हैं तो प्रकृति आपको देती है।

छात्र ना बने रहना :-

एक अच्छे टीचर की परिभाषा एक अच्छा स्टूडेंट होना ही होती है। करने और सीखने की कोई समय सीमा या उम्र नहीं होती है इसलिए आप हमेशा एक स्टूडेंट बने रहें। हमेशा एक सीखने वाला बने रहे। आप ज्यादा से ज्यादा चीजों को सीखते रहें। ऐसी कोई भी चीज बेकार या बेवजह नहीं होती है । कोई भी ज्ञान कभी भी बेकार नहीं जाता। वह कभी ना कभी काम आ जाता है। मैंने एक हॉलीवुड की फिल्म देखी थी जिसमें एक योद्धा लड़ाई के मैदान को छोड़ना चाहता है क्योंकि उसने अपना पूरा जीवन लड़ाई में निकाल दिया होता है । इन युद्धों में उसने अपना सब कुछ गवा दिया होता है इसलिए वह इन लडाईयों को लड़ने से तंग आ चुका होता है। वह युद्धों से संयास ले लेता है और अपने जीवन का यापन छात्रों को कुंगफू सिखाकर करने लगता है। इस उदाहरण में योद्धा अपने को युद्ध से दूर करने के लिए और अपने बाकी के जीवन यापन के लिए भी युद्ध की महारत प्राप्त अपने युद्ध कौशल का ही सहारा लेता है। बुरे से बुरी चीज़ बुरे वक्त में काम आ जाती है इसलिए कोई भी चीज बुरी नहीं होती। मेरा दोस्त आकाश काफी कम समय में ही स्कूटर बनाने का काम सीखने लगा लगा था। लगभग 2 सालों में उसने कड़ी मेहनत की और एक अच्छा स्कूटर मैकेनिक बन गया। फिर वह स्कूटर बनाने का काम छोड़कर, हरिद्वार में केमिकल फैक्ट्री में काम करने लगा। उसको हरिद्वार में लगभग 10 से 12 साल बीत चुके थे और एक दिन यूं ही बैठे बैठे वह अपनी आर्थिक

स्थिति पर मनन करने लगता है तो उसने पाया कि वह क्या करना चाह रहा था? क्या सोच रहा था? और वह कहां पर है? वह वहीं पर था जहां पर वह लगभग शुरुआत करने से पहले हुआ करता था। उसने काफी सोचने के बाद अपनी नौकरी छोड़ दी और वह वापस हरिद्वार से सीतापुर आ गया। अब उसको काम की जरूरत थी पर वह क्या काम करता? उसके बड़े भाई ने उसे स्कूटी बनाने का वर्कशॉप खोलने को कहा। उसे यह आईडिया अच्छा लगा और उसने स्कूटी बनाने की दुकान खोल दी। कोई भी चीज यूं ही सफल नहीं हो जाती है उसके लिए उसे समय देना पड़ता है। कुछ समय लगा पर उसकी यह दुकान काफी अच्छी चलने लगी। आज उसकी दुकान में 10 से 12 लड़के काम करते हैं और उसकी स्कूटी बनाने की दुकान उस जगह की सबसे अच्छी दुकान मानी जाती है। उसमें अगर सीखने की कला ना होती तो आज वह सफल नहीं हो पाता और उसके कठिन समय में वह कला जो उसने पहले सीखी थी कैसे काम आती? हमें हमेशा कुछ ना कुछ सीखते रहना चाहिए। एक छात्र बने रहना चाहिए। हमारे सफल होने में सबसे बड़ी कमी यही है कि हम एक छात्र नहीं बने रहते अतः आप छात्र बने रहें। कुछ ना कुछ सीखने की ललक आपको आगे ले जाएगी । बहुत आगे अतः आप हमेशा सीखने पर जोर देते रहे।

"सीखने की ललक ही
तुम्हें आगे ले जाएगी
तुम्हारी प्रतिभा में
एक अलख जग जाएगी
जब जल रही होगी आग
हर तरफ का हाहाकार
धधकती हुई फिजाओं में
तुम्हें तुम्हारी ही एक हुनर बचाएगी
प्रतिभाग खोल कवाड़ के पटल
तेज ज्वालित हो कपाल
भीषण क्षण में

अंतः की ही एक शक्ति काम आएगी
होकर जग में जाहिर
तुम्हें मुकाम दे जाएगी
सीखने की ललक ही
तुम्हें आगे ले जाएगी

सहनशक्ति की कमी होना :-

अधिकांश लोग लक्ष्य रखते हैं और उस पर काम भी करते हैं पर पहली ठोकर से ही वह भयभीत हो जाते हैं और अपने लक्ष्य को छोड़कर शांत बैठ जाते हैं या मार्ग बदल देते हैं। मैं उनको कर्नल हार्लेन सांडर्स के बारे में बताना चाहता हूं जिन्होंने अनेकों असफलताओं के बाद सफलता प्राप्त की। इन्होंने उस उम्र में सफलता अर्जित की जिस उम्र में लोग रिटायरमेंट ले लेते हैं। सांडर्स के जीवन से और उनके संघर्ष से हमें सीख लेनी चाहिए कि हमें सफलता के लिए हमेशा प्रयासरत् रहना चाहिए ना कि असफलताओं से हार कर थक जाना चाहिए और हार मान लेनी चाहिए। सांडर्स के उदाहरण में हमें हमारे लक्ष्य को प्राप्त करने की भरपूर ऊर्जा मिलती है। सांडर्स का जन्म 9 सितम्बर 1890 को इंडियाना में हुआ था। केएफसी की कामयाबी के पीछे कर्नल हार्लेन सांडर्स का हाथ था। अपनी फ्राइड चिकन रेसिपी के कारण वे विश्व में प्रसिद्ध हुए। सांडर्स ने उम्र की बाधा को अपनी कामयाबी का रोड़ा बनने नहीं दिया और उन्हें कामयाबी मिली 65 साल की उम्र में। जब वह 5 साल के थे तब उनके पिता की मृत्यु हो गई, इसके बाद अपने परिवार जिनमे उनके छोटे भाई और बहन शामिल थे को पालने की जिम्मेदारी उन पर आ गयी। इसके बाद उन्होंने कई कामो में अपना हाथ आजमाया। इनमे किसान, स्ट्रीटकार कंडक्टर, रेलरोड फायरमैन और इंशोरेंस सेल्समेन जैसी जॉब शामिल थी। इनमे वह सफल ना हो सके, 16 वर्ष की उम्र में उन्होंने अपना स्कूल छोड़ दिया। केवल 17 वर्ष की उम्र में उन्हें अपनी चार जॉब्स खोनी पड़ी, 18 वर्ष की उम्र में वह विवाहित हुए

और अगले ही साल उनकी एक बेटी हुई, जल्द ही उनकी पत्नी अपने बच्ची को लेकर उन्हें छोड़ कर चली गयी। कर्नल सांडर्स का अपना छोटा सा बिजनेस था जिससे इनकी रोजी-रोटी चलती थी, लेकिन वहां पर हाईवे बनने के कारण इनका बिजनेस बन्द हो गया। कुछ ही दिनों में इनकी पूँजी भी खत्म हो गयी और खाने के भी लाले पड़ गये। सांडर्स को चिकन बनाना बहुत पसंद था और उनको अपने चिकन प्रयोग पर बहुत भरोसा था। उन्होंने अलग-अलग रेस्टोरेंट से मिलना शुरू किया। समय ने फिर भी उनका साथ नहीं दिया, एक-एक करके सभी रेस्टोरेंट मालिक उन्हें रिजेक्ट करते गये। उसे अपनी चिकन रेसिपी पर पूरा भरोसा था और इसी विश्वास के साथ वह इसकी मार्केटिंग के लिए निकल पड़ा, इस दौरान वह अलग अलग रेस्टोरेंट के मालिक से मिला जहाँ उसे ठुकरा दिया गया। लेकिन कर्नल सांडर्स ने भी हार नहीं मानी, वह लगातार अपने कार्य में लगे रहे, सीखते रहे और कोशिश करते रहे। आपको यह सुनकर हैरानी होगी कि वह 1009 बार इंटरव्यू में असफल रहे और एक हजार नौ लोगो ने उनको रिजेक्ट कर दिया, तब जाकर उनको सफलता मिल ही गई। हाँ अपने सही पढ़ा है, एक हजार नौ बार रिजेक्ट होने के बाद, एक हजार नौ बार ना सुनने के बाद उनको उनकी पहली हाँ मिली। और 1000 से ज्यादा कोशिशो के बाद अंततः 1952 में पेटे हरमन नामक व्यक्ति को उसने अपना पार्टनर बनाने के लिए मना लिया. उन्होंने अपनी फ्राइड चिकन की रेसिपी को पेटेंट करा के 1952 में साल्ट लेक सिटी में पहला रेस्टोरेंट खोला। कर्नल सांडर्स के जीवन संघर्ष से हमें सीख मिलती है कि हमें किसी भी परिस्थिति में हार नहीं माननी चाहिए । आपको भरोसा होना चाहिए और उमंग कि आप विजयी होंगे।

जो जल्दी ही हार मान लेते हैं मैं उनको अमेरिका के पूर्व राष्ट्रपति अब्राहम लिंकन के बारे में भी बताना चाहूंगा जिन्होंने छोटे से छोटा चुनाव हारा है। वह इतनी बार असफल हुए जितनी बार वह कभी सफल ना रहे फिर भी उन्होंने हार ना मानी और आखिरकार वह अमेरिका जैसे शक्तिशाली देश के राष्ट्रपति बन सके। इससे पहले वह 30 साल में बिजनेस में असफल हुए, 32 साल में स्टेट लेगिस

लेटर का चुनाव हार गए, 33 साल में वह एक नये बिजनेस में असफल हुए, 35 में साल में उनकी मंगेतर का निधन हो गया, 36 साल में उनका नर्वस ब्रेकडाउन हो गया, 43 में साल में उन्होंने कांग्रेस के लिए चुनाव लड़ा पर हार गए, 48 में साल में उन्होंने फिर से कोशिश की पर हार गए, 55 साल में उन्होंने सीनेट के लिए चुनाव लड़ा पर हार गए, अगले साल उन्होंने वाइस प्रेसिडेंट के लिए चुनाव लड़ा पर हार गए, 59वें साल में उन्होंने फिर से सीनेट का चुनाव लड़ा और हार गए पर 1960 में वह आदमी अमेरिका का सोलवा राष्ट्रपति बन गया। अब आप सोचें कि लिंकन में कितनी सहनशक्ति रही होगी जिन्होंने एक दो नहीं बल्कि अनेकों असफलताएं देखी पर उन्हें असफलता से कोई भी घबराहट नहीं हुई। उन्हें सफलता पर विश्वास था और अपने रास्ते पर से ध्यान नहीं बदला बल्कि वह और भी जुझारू होकर अपने लक्ष्य के प्रति समर्पित होते गए अंततः सफलता को उनके आगे झुकना पड़ा। लिंकन की तरह ही और भी अनेकों लोग हुए हैं जिन्होंने अपने लक्ष्य को प्राप्त किया है। वह असफलताओं से हारे नहीं बल्कि उनसे सीख लेते हुए आगे बढ़े हैं। मैं यहां पर कुछ ऐसे ही लोगों के विचार व्यक्त करता हूं जो असफलताओं से सीख लेकर समर्पण भाव से अपने लक्ष्य को प्राप्त करते चले गए।

"जिस व्यक्ति ने कभी कोई गलती नहीं की, समझो उसने कभी कुछ नया करने की कोशिश भी नहीं की।"

- अल्बर्ट आइंस्टीन

"मैं अपनी जिंदगी में बार-बार असफल हुआ हूं और इसलिए आज मैं सफल हूं।"

- माइकल जॉर्डन

"महान उपलब्धि एक बार भी ना गिरने में नहीं बल्कि हर बार गिरकर उठने में है ।"

- नेल्सन मंडेला

"यदि आप सफलता पाना चाहते हैं तो असफल होने की दर दोगुना कर दीजिए ।"

- टॉम वाटसन

"सफल लोग हर मुश्किल में अवसर देख लेते हैं , जबकि असफल लोग हर अवसर में कठिनाइयां देखते हैं ।"

- रिड मारखम

"विपरीत परिस्थितियों में कुछ लोग टूट जाते हैं, तो कुछ लोग रिकॉर्ड तोड़ते हैं ।"

- शिव खेड़ा

यह कथन उन सब लोगों के द्वारा कहे गए सफलता के प्रति लाभदायक वचन हैं जिन्होंने अनेक असफलताओं के बावजूद सफलता अर्जित की। जिस प्रकार कागज का नोट मुड जाने पर अपनी कीमत कम नहीं करता उसी प्रकार व्यक्ति के असफल होने पर उसकी शक्ति कम नहीं हो जाती असफलता आपकी सफलता का पहला पायदान हैं। उससे बिना घबराए आपको अपने लक्ष्य के प्रति समर्पित रहना है जब तक आप उसे भेद ना दें।

यदि आप प्रयास करने के बाद भी असफल हो जाएं तो भी उस व्यक्ति से हर हाल में बेहतर होंगे जिसने बिना किसी प्रयास के सफलता पाई हो।

इंद्रियों पर काबू न होना :-

आपकी सफलता में आपके व्यक्तित्व का बहुत बड़ा योगदान होता है। आपको अपनी इंद्रियों पर काबू होना चाहिए। आंख, नाक, कान, मुंह और त्वचा यह आपकी पांच इंद्रियां हैं। इन पर काबू होने का अर्थ आप अपनी कमजोरियों को वश में रखते हैं।

1. बुरा ना सुनना

2. बुरा ना देखना

3. किसी के प्रति आकर्षित ना होना

4. खाने-पीने के चक्कर में ना पढ़ना

5. व्यभिचारी ना होना

यह सभी अमूमन वह कमियां हैं जिसके चलते शक्ति से शक्तिशाली व्यक्ति कमजोर हो जाता है और अपने लक्ष्य को भेदने से कई बार चूक जाता है। मैं आपको इन इंद्रियों को वश में ना कर पाने के कारण मगध जैसे शक्तिशाली राज्य का शासक अपने राज्य का कैसे पतन करवा बैठता है का प्रमाणिक उदाहरण देना चाहूंगा जिससे आप इंद्रियों के महत्व को अच्छे से समझ पाएंगे। मगध जैसे समृद्ध राज्य का शासक धनानंद अपनी इंद्रियों पर काबू ना कर सका जिससे उसने चाणक्य जैसे विद्वान व्यक्ति को अपमानित कर, अपने राज्य का पतन करा दिया। धनानंद एक दुराचारी, व्यभिचारी व धन संग्रहित करने वाला शासक था। परिणामतः वह अपनी प्रजा का विश्वास जीतने में असफल रहा। मैं आपको धनानंद के उदाहरण से बताने का प्रयास कर रहा हूं कि जो अपनी इंद्रियों पर विजय नहीं प्राप्त कर सकता है , वह बड़े से बड़ा शक्तिशाली शासक भी पतन को प्राप्त हो जाता है। यदि आप अपने को विजेता बनाना चाहते हैं और उस विजय का उपभोग करना चाहते हैं तो आपको अपनी इंद्रियों को जीतना पड़ेगा। आपने मिर्जापुर वेब सीरीज देखी होगी जिसमें मुख्यमंत्री के भाई का एक गंदा वीडियो वायरल हो जाता है जिसका परिणाम उसकी राजनीति का अंत हो जाता है इसलिए अपने को संयमित रखें और इन बुराइयों पर जीत प्राप्त करें।

पांचों इंद्रियां किसी भी मनुष्य की कमजोरी को इंगित करती हैं।

हमारे शास्त्रों में वर्णित सात महर्षि हुए हैं। इनमें से एक विश्वामित्र का नाम आता है। विश्वामित्र प्रभु श्री राम के गुरु भी थे। विश्वामित्र ही ने प्रभु राम और उनके साथ लक्ष्मण, भरत व शत्रुघ्न का विवाह जनक की पुत्रियों के साथ कराया था। यह पहले एक राजपूत शासक थे और बाद में कामधेनु के चक्कर में इनका युद्ध महा ऋषि वशिष्ठ से हो जाता है। जिससे या महर्षि वशिष्ठ से कई बार पराजित होते हैं। जिस पर यह महर्षि वशिष्ठ को पराजित करने के उद्देश्य से अपार तप करते हैं और आखिरकार वह महा ऋषि वशिष्ठ के समकक्ष आ जाते हैं। कहते हैं इंद्र ने विश्वामित्र के तप से भयभीत होकर मेनका को पृथ्वी पर उनके तप को भंग करने के लिए भेजा था। जिसमें वह सफल हो गई थी। कई बार दुश्मनी के चलते शराब पिलाकर, खाने में जहर डालकर, लोग अपने दुश्मन को मार डालते हैं। आपने जहर खुरानी के बारे में सुना होगा जो बसों, ट्रेनों में यात्रियों से दोस्ती करके उन्हें खाने में जहर देकर उनका सामान लूट लेते हैं। यह सब उदाहरण हैं जिनमें शिकार हुए लोग अपने पर संयम नहीं रखते हैं और इनका शिकार हो जाता है। दुष्ट लोग इनकी कमजोरियों का फायदा आसानी से उठा लेते हैं। आपने कई फिल्में व्यापार, राजनीति व प्रशासन पर देखी होंगी जिसमें ओहदे पर बैठे लोगों के पास काम निकलवाने के लिए लड़कियां भेजी जाती हैं और अपना काम इनसे निकलवाया जाता है, जो इनकी कमजोरियों को इंगित करती है । इन सब उदाहरण से आपको इंद्रियों और इन पर संयम का महत्व समझ में आ रहा होगा।

लंबी लड़ाई केवल संयम से लड़ी जाती है।

आपने अगर महाभारत देखी या पढ़ी होगी तो आपको पांडव के चरित्र के दर्शन हुए होंगे। पांडव को श्राप था कि वह जब भी किसी स्त्री के साथ संभोग क्रिया में होगा। तब वह अपने प्राण त्याग देगा। इस श्राप के चलते पांडव कुंती और माद्री के साथ जंगलों में तपस्या करने के लिए चले जाते हैं। वहीं पर वह माद्री की सुंदरता पर रिझ जाते हैं। वह अपने संयम को खो देते हैं परिणाम यह होता है कि वह अपनी मृत्यु को प्राप्त करते हैं। यह एक प्रमाणित उदाहरण है

कि हमारे जीवन में इंद्रियों का क्या योगदान रहता है। अगर आप अपने लक्ष्य के प्रति पूर्ण रूप से समर्पित होना चाहते हैं तो आपको अपनी इंद्रियों पर संयम करना सीखना होगा।

स्वयं में निष्ठा की कमी :-

शहर की बिजली कई दिनों से जा रही थी आखिरकार लोग शहर के विधायक के पास जाते हैं। विधायक को सारी बात बताते हैं। अपनी समस्याओं से उसे अभिभूत कराते हैं। विधायक भी काफी मिलनसार व्यक्ति था । वह काफी गुस्से वाला भी था । वह लोगों के साथ बिजली के हेड ऑफिस का घेराव कर लेता है। वह वहां काफी तोड़फोड़ करता है। सरकारी संपत्ति को काफी हानि पहुंचाई जाती है। लोग नारे लगाते हैं, "विधायक जी आप संघर्ष करें, हम तुम्हारे साथ हैं।" काफी शोर-शराबा होने के बाद जब विद्धुत आपूर्ति अधिकारी को लगता है की स्थिति बहुत ही खराब होती जा रही है व सरकारी संपत्ति को अधिक नुकसान पहुंचाया जा रहा है तो वह पुलिस फोर्स बुला लेता है। फोर्स के आते ही कुछ लोग तो यूं ही निकल लेते हैं। उन्हें लगता है कि अब उनकी वहां जरूरत नहीं है । फिर भी कुछ विधायक के साथी गण नहीं मानते और शोर-शराबा जारी रखते हैं। आखिरकार पुलिस फोर्स को उन पर लाठी चार्ज करना पड़ता है। लाठी चार्ज होते ही सभी लोग भागने लगते हैं। भगदड़ में विचारे विधायक जी नहीं भाग पाते और लाठियों का शिकार हो जाते हैं। घायल विधायक जी को अस्पताल पहुंचाया जाता है और इलाज के लिए भर्ती कराया जाता है। वहां पर उनका इलाज चल रहा होता है , अगली सुबह विधायक जी अस्पताल में आराम से पडे होते हैं कि तभी कुछ लोग उन्हें देखने आते हैं। उनको देखकर विधायक जी को गुस्सा आ जाता है। विधायक जी गुस्से से बोलते हैं, "क्यों? रमेश, कल्लू, श्याम तुम तो कह रहे थे कि विधायक जी तुम संघर्ष करो हम तुम्हारे साथ हैं। लाठी चार्ज में क्यों भाग गए? रमेश विधायक की बातें सुनकर बोलता है," भैया जी, हम तो आपके साथ ही भागना चाह रहे थे । अब आप ही नहीं भागे तो अकेले भागना पड़ा। नहीं भागते तो आप ही के बगल में लेटे

होते। फिर आप की देखभाल भला कौन करता?" यह सुन सभी लोग अपनी हंसी नहीं रोक पाए और खिलखिला कर हंसने लगे। कहने का अर्थ है कि परिवर्तन सभी चाहते हैं पर त्याग कोई नहीं करना चाहता है। हर परिवर्तन की कोई ना कोई कीमत होती है जिसे किसी ना किसी को चुकाना पड़ता है। अब आपको यह भी पता चल गया होगा कि भारत जैसे देश को कैसे मुस्लिमों व अंग्रेजों द्वारा गुलाम बनाया गया होगा? और हमें उन सब से आजादी पाने में लगभग हजारों वर्षों का समय लग गया। जब भगत सिंह फांसी पर चढ़ रहे थे तो दूसरे माता-पिता अपने बच्चों को घरों में छुपा रहे थे। वह उनसे कह रहे थे, "तू मत मर, मरने के लिए भगत सिंह, राजगुरु है, नेताजी हैं, लाला लाजपत राय हैं। तू हमारे घर का, हमारी आंखों का एकमात्र तारा है। जब देश आजाद होगा तो हम भी आजाद हो जाएंगे।" ऐसी सोच का परिणाम क्या हुआ? हम 35 करोड़ भारतीयों को 1857 की क्रांति असफल होने के बाद देश को आजाद कराने में 90 वर्ष लग गए और वह भी मात्र 90000 अंग्रेजों से। फिर भी आजादी की कितनी बड़ी कीमत चुकानी पड़ेगी हम चाहते तो हमें पहले ही आजादी मिल सकती थी मगर कोई बलिदान करने को तैयार नहीं था। तुम आगे बढ़ो हम तुम्हारे साथ हैं फिर एक गोली और पीछे वाले गायब। आप को जान लेना बहुत जरूरी है कि बिना त्याग के आप सफल नहीं हो सकते। हर चीज की कीमत होती है आपको वह कीमत चुकानी ही पड़ेगी। आप जो भी लक्ष्य रखते हैं उसमे निष्ठा रखें। अपने को उसे प्राप्त करने के लिए त्याग करने को कहें क्योंकि जब आप अपने लक्ष्य के लिए त्याग करते हैं तो वह लक्ष्य आपकी तरफ आकर्षित होता है और वह आपको मिलकर रहता है।

हर चीज कीमती है वह अपनी कीमत रखती है।

ईश्वर में विश्वास की कमी :-

अपने में और ईश्वर में दोनों में विश्वास होना चाहिए क्योंकि जब हम ईश्वर पर विश्वास करते हैं तो ईश्वर यानी प्रकृति हमारी मदद करती है यही प्रकृति का और ईश्वर का नियम है। अगर आपको याद हो

तो दूरदर्शन पर रामानंद जी का अलिफ लैला, बहुत ही लोकप्रिय धारावाहिक आता था। जिसमें सिंदबाद नाम का एक नायक होता है जो दीन, दुखियों व जरूरतमंदों की मदद करता रहता है। वह हर बार किसी ना किसी दीन, दुखी की मदद करता जिससे वह बुरी शक्तियों में, उनके जाल में फंस जाता। उस समय उसकी पूरी शक्तियां समाप्त हो जाती थी पर उसका अपने ईश्वर पर अडिग विश्वास रहता और हर बार ईश्वर उसकी मदद करता। आखिरकार वह बुराइयों के चंगुल से निकल जाता और जरूरतमंदों की मदद कर पाता। यह बात बिल्कुल सच है, इसलिए कहा भी गया है कि जिसका कोई नहीं होता उसका भगवान होता है। आप अपने इष्ट पर विश्वास करें। वह आप में आत्मविश्वास पैदा करता है और आत्मविश्वास के बिना आप कोई भी लक्ष्य नहीं भेद सकते। मैंने आपको पहले ही बताया है कि ईश्वर और प्रकृति एक ही के दो रूप है। वह हमारी अज्ञानता में अलग-अलग हो सकते हैं। प्रकृति में जीव , जंतु भी आते हैं मनुष्य जीव है इसलिए मनुष्य भी प्रकृति का एक हिस्सा है। इसे पहले भी समझाया जा चुका है पर हम ही नहीं समझते। आत्मा परमात्मा का ही रूप है। यहां पर आत्मा से मनुष्य और परमात्मा से ईश्वर से या प्रकृति से संबंध है। हमें अपने को इस ज्ञान से अभिभूत कर, इस रहस्य को समझ कर ईश्वर के प्रति अपनी श्रद्धा और भी प्रगाढ़ करनी चाहिए जिससे हमारा रास्ता स्पष्ट हो सके और हममें आत्मविश्वास की प्रखर ज्वाला जल सके।

"सफलता के लिए आत्मविश्वास आवश्यक है और आत्मविश्वास के लिए तैयारी।"

- आर्थर आसे

सपना न देखना :-

"इससे पहले कि सपने सच हों आपको सपने देखने होंगे।"

- अब्दुल कलाम

मैंने बताया है कि प्रकृति कैसे काम कर रही है मतलब जब हम प्रकृति से मांगते हैं तो प्रकृति हमें देती है। इस नियम में सबसे कारगर साधन है सपने देखना। किसी ने तो टेलीफोन का सपना देखा था, किसी ने रेलगाड़ी का, किसी ने वाहन का, किसी ने हवा में उड़ने का, किसी ने चांद पर जाने का, किसी ने कंप्यूटर का जो कल तक सपने थे वही आज हकीकत है।

"इतिहास उनका बनता है जो अपने सपनों की सुंदरता पर विश्वास करते हैं ।"

- एल ई ए नार रुजवेल्ट

एक सपना हिटलर ने भी देखा होगा और यकीन मानिए पूरी दुनिया हिल गई, एक सपना नेपोलियन बोनापार्ट ने भी देखा होगा और वह फ्रांस का सबसे सफल नेता बना । अब्राहम लिंकन ने भी देखा था और आखिरकार वह अनेकों हार की बेज्जती सहने के बाद अमेरिका के राष्ट्रपति बने। अगर आप कुछ भी पाना चाहते हैं तो उसे बेइंतहा चाहे। उसके सपने देखे। वह चीज आपके पास दौड़ती हुई चली आएगी।

"सपने वह सच होते हैं जिनके लिए आप सोना छोड़ देते हैं।"

- अज्ञात

जो सपने देखते हैं और उन्हें पूरा करने की कीमत चुकाने को तैयार रहते हैं वह ही वह लोग हैं जो सफल होते हैं। इसलिए जो आप लक्ष्य रखते हैं उस लक्ष्य के प्रति आप अपने आप को भूल जाएं। आप उस लक्ष्य को खुली आंखों से प्राप्त करता हुआ देखें। यह आपका सपना होगा और यकीन करें कि निसंदेह वह जरूर ही पूरा होगा।

दूसरों में गलती निकालना व अपनी जिम्मेदारी से बचना :-

आपने कई ऐसे व्यक्ति विशेष देखे होंगे जो अपनी कमियों, असफलताओं को छुपाने के लिए दूसरे लोगों में, समाज में, ईश्वर में

कमियां निकालने का काम करते हैं। इन लोगों की संख्या आजकल काफी ज्यादा है । यह लोग अमुक-अमुक कारण गिनाते हैं और दूसरों में कमियां निकालते रहते हैं। जैसे- बारिश ना होने पर ईश्वर में कमी, धूप होने पर ईश्वर में कमी, बच्चा अपनी कक्षा में पास हुआ लेकिन क्लास टॉप क्यों नहीं हुआ?, अगर क्लास टॉप किया तो शहर टॉप क्यों नहीं किया?, मैं नहीं सो पाया क्योंकि बच्चा रो रहा था, गर्मी थी, ऐसे ही हजारों बहाने आपने सुन रखे होंगे। यह वह लोग होते हैं जो अपने को जिम्मेवारी से बचाते हुए देखे जाते हैं। एक बार देश की एक राष्ट्रीय पार्टी बुरी तरह से चुनाव हार गई। उन्होंने समीक्षा बैठक बुलाई। पार्टी अध्यक्ष ने अपनी जिम्मेवारी ली और अपने पद से इस्तीफा दे दिया। उन्होंने अपनी पार्टी को हारने की कमियां व कारण भी बताएं। अगली बार पार्टी ने उस कमी को दूर किया और सत्ता में आ गई। इस उदाहरण से हमें सीख मिलती है कि हमें अपने अंदर की कमी को छुपाना नहीं चाहिए। अपितु उस कमी को उजागर कर उसे दूर करने का प्रयत्न करना चाहिए।

आप दूसरों में कमी ना निकाले, अपनी कमियों को दूर करें, दूसरों की गलती निकालने की जगह अपनी कमियों को जानने में अपना समय व अपनी शक्ति लगाएं।

जब हम दूसरों की कमी नहीं निकालते हैं और अपनी कमियों की तरफ ध्यान केंद्रित करते हैं तो हम ज्यादा अच्छा करते हैं। इसी संदर्भ में कहा भी गया है कि अगर हम सही हैं तो जग सही है। उपयुक्त उदाहरण में आपने देखा कि पार्टी के शीर्ष नेता ने दूसरों में कमी ना निकालकर अपनी जिम्मेवारी ली, पार्टी के अंदर हुई कमियों को उजागर किया, हार का वास्तविक कारण खोजा और उसे दूर करके वह पुनः सत्ता में आ गया। इसलिए हमें इस उदाहरण से सीख लेते हुए जिम्मेवारी लेना सीखना चाहिए और दूसरों की कमी निकालने से बचना चाहिए।

यह विभिन्न प्रकार की बाहरी और आंतरिक चुनौतियां हैं जिनसे हमारा सरोकार होता रहता है जो हमें हमारे लक्ष्य को भेदने में बाधा उत्पन्न करती है अतः हमें इन चुनौतियों को जानना, उन पर मनन

करना और उनका उपाय ढूंढना होगा जिससे हमारे व लक्ष्य के मध्य कोई भी ना आ सके। बिना चुनौतियों के हम ठीक उस गिद्ध जैसे हो जाते है जो बिना शिकार किए ही अपना भोजन पाने से शिकार करना ही भूल जाता है।

एक बार गिद्धों का झुण्ड उड़ता-उड़ता एक टापू पर जा पहुँचा। वह टापू समुद्र के बीचों-बीच स्थित था. वहाँ ढेर सारी मछलियाँ, मेंढक और समुद्री जीव थे। इस प्रकार गिद्धों को वहाँ खाने-पीने को कोई कमी नहीं थी। सबसे अच्छी बात ये थी कि वहाँ गिद्धों का शिकार करने वाला कोई जंगली जानवर नहीं था। गिद्ध वहाँ बहुत ख़ुश थे। इतना आराम का जीवन उन्होंने पहले देखा नहीं था। उस झुण्ड में अधिकांश गिद्ध युवा थे। वे सोचने लगे कि अब जीवन भर इसी टापू पर रहना है। यहाँ से कहीं नहीं जाना, क्योंकि इतना आरामदायक जीवन कहीं नहीं मिलेगा। लेकिन उन सबके बीच में एक बूढ़ा गिद्ध भी था। वह जब युवा गिद्धों को देखता, तो चिंता में पड़ जाता। वह सोचता कि यहाँ के आरामदायक जीवन का इन युवा गिद्धों पर क्या असर पड़ेगा? क्या ये वास्तविक जीवन का अर्थ समझ पाएंगे? यहाँ इनके सामने किसी प्रकार की चुनौती नहीं है। ऐसे में जब कभी मुसीबत इनके सामने आ गई, तो ये कैसे उसका मुकाबला करेंगे? बहुत सोचने के बाद एक दिन बूढ़े गिद्ध ने सभी गिद्धों की सभा बुलाई। अपनी चिंता जताते हुए वह सबसे बोला, "इस टापू में रहते हुए हमें बहुत दिन हो गए हैं। मेरे विचार से अब हमें वापस उसी जंगल में चलना चाहिए, जहाँ से हम आये हैं। यहाँ हम बिना चुनौती का जीवन जी रहे हैं। ऐसे में हम कभी भी मुसीबत के लिए तैयार नहीं हो पाएंगे।" युवा गिद्धों ने उसकी बात सुनकर भी अनसुनी कर दी। उन्हें लगा कि बढ़ती उम्र के असर से बूढ़ा गिद्ध सठिया गया है। इसलिए ऐसी बेकार की बातें कर रहा है। उन्होंने टापू की आराम की ज़िन्दगी छोड़कर जाने से मना कर दिया। बूढ़े गिद्ध ने उन्हें समझाने की कोशिश की, "तुम सब ध्यान नहीं दे रहे कि आराम के आदी हो जाने के कारण तुम लोग उड़ना तक भूल चुके हो। ऐसे में मुसीबत आई, तो क्या करोगे? मेरी बात मानो, मेरे साथ चलो." लेकिन किसी ने बूढ़े गिद्ध की बात नहीं मानी। अखिरकार बूढ़ा गिद्ध अकेला ही वहाँ से चला गया। कुछ

महीने बीते। एक दिन बूढ़े गिद्ध ने टापू पर गये गिद्धों की ख़ोज-खबर लेने की सोची और उड़ता-उड़ता उस टापू पर पहुँचा। टापू पर जाकर उसने देखा वहाँ गिद्धों की लाशें पड़ी थी। कई गिद्ध लहू-लुहान और घायल पड़े हुए थे। हैरान बूढ़े गिद्ध ने एक घायल गिद्ध से पूछा, "ये क्या हो गया? तुम लोगों की ये हालात कैसे हुई?"घायल गिद्ध ने बताया, "आपके जाने के बाद हम इस टापू पर बड़े मज़े की ज़िन्दगी जी रहे थे। लेकिन एक दिन एक जहाज़ यहाँ आया। उस जहाज से यहाँ चीते छोड़ दिए गए। शुरू में तो उन चीतों ने हमें कुछ नहीं किया। लेकिन कुछ दिनों बाद जब उन्हें आभास हुआ कि हम उड़ना भूल चुके हैं। हमारे पंजे और नाखून इतने कमज़ोर पड़ गए हैं कि हम तो किसी पर हमला भी नहीं कर सकते और न ही अपना बचाव कर सकते हैं, तो उन्होंने हमें एक-एक कर मारकर खाना शुरू कर दिया। उनके ही कारण हमारा ये हाल हुआ है। हमें आपकी बात माननी चाहिए थी। अगर हम चुनौतियों के साथ अपना जीवन यापन करते तो हमारा ये हाल नहीं होना था।"हमे इससे सीख मिलती है कि आलस्य के साथ जीवन यापन करने के बाद हमें उससे बाहर आना मुश्किल होता है। ऐसे में चुनौतियाँ आने पर उसका सामना कर पाना आसान नहीं होता। कभी भी आराम पूर्वक जीवन में जाकर ख़ुश न हो जाएँ। ख़ुद को हमेशा चुनौती देते रहे और मुसीबत के लिए तैयार रहें। जब तक आप चुनौती का सामना करते रहेंगे, आप आगे बढ़ते रहेंगे। बिना चुनौतियों के आप जंग लगे लोहे के समान हों जाते है। ये चुनौतियां ही हैं जो आपको क्षमता प्रदान करती हैं इसलिए चुनोतियो से न घबराएं, इन्हें सहर्ष स्वीकार कर आप आगे बढ़े।

"अपने डर को पार करें।"

सारांश

हमें, हमारे लक्ष्य को महान उसमें उत्पन्न चुनौतियां ही बनाती हैं। यह चुनौतियां हमारा मार्ग बाधित करती हैं। हमें इन चुनौतियों को स्वीकार करके इन पर विजय प्राप्त कर आगे बढ़ना होता है। सच तो यह है कि यह चुनौतियां ही किसी भी व्यक्ति के व्यक्तित्व को निखारती हैं। जैसे सोना उच्च ताप पर ही खरा बनता है वैसे ही यह चुनौतियां हमें खरा बनाती हैं। आज हम प्रभु राम की पूजा करते हैं लेकिन हमें यह जानना होगा कि राम ने अनेक चुनौतियों का सामना किया था। यह वह चुनौतियां थी जिन्होंने राम को मर्यादा पुरुषोत्तम भगवान श्रीराम बनाया। आपके जीवन में भी अनेक प्रकार की चुनौतियां आती हैं तो घबराएं नहीं बल्कि चुनौतियों को जाने, उन पर विजय प्राप्त करें। यह चुनौतियां हमारे जीवन में मुख्यताः दो प्रकार से आती हैं।

1. बाहरी चुनौतियां :-

यह वह चुनौतियां हैं जो हमें दूसरे व्यक्ति, समाज इत्यादि से मिलती हैं। यह मुख्यता समाज के द्वारा हमारे प्रति नजरिए को व्यक्त करती हैं। बाहरी चुनौतियां मुख्यतः तीन प्रकार से हमें बाधित करती हैं।

समाज का प्रतिकूल होना :-

हमको यह बात अच्छी तरह से जान लेनी चाहिए कि जो भी आज अपने लक्ष्य को प्राप्त कर चुका है वह कभी भी समाज के प्रयासों से नहीं बल्कि उसने अपने दम पर लक्ष्य को प्राप्त किया है। उन्होंने समाज की प्रतिकूलता को सिरे से नकार दिया और अपने मार्ग पर आगे बढ़ते रहें। इन्हीं उदाहरणों में एक युवती जो जैसलमेर की रहने वाली थी। उसकी शादी जोधपुर में हो जाती है। उसका पति दिल्ली में काम करता था। वह भी दिल्ली में अपने पति के साथ रहने लगती है। अपने पति की आकस्मिक मृत्यु के बाद उसने दिल्ली में कैसे 400 भैंसे और 350 गायों की डेरी फार्म चलाते हुए

200 से अधिक लोगों को रोजगार दे देती है? यह एक प्रेरणादायक उदाहरण है। ऐसी ही सीख भारत की तीरंदाज दीपिका कुमारी, पाकिस्तान की मलाला यूसुफजई और राजस्थान की सड़कों पर झाड़ू लगाने वाली आशा कांडरा ने भी प्रस्तुत की है। यह वह सब युवतियां हैं जिन्होंने समाज के प्रतिकूलता को नकार के अपने लिए समाज में मुकाम कायम किया है। जो लोग कुछ पाना चाहते हैं उन्हें सबसे पहले प्रतिकूलता को अनुकूलता में बदलना पड़ता है। आज हम महात्मा गांधी, स्वामी विवेकानंद, डेविल ब्रिंकली और स्टीव जॉब्स आदि के विचारों को पढ़ते हैं। यह वह लोग हैं जिनका भी समाज ने विरोध किया था लेकिन अपनी दृढ़ इच्छाशक्ति के चलते इन्होंने अपने लक्ष्य को प्राप्त किया। इसलिए हमें भी समाज की प्रतिकूलता को नकार के अपने लक्ष्य को प्राप्त करने की दृढ़ इच्छा रखनी चाहिए।

अमीर बनना न सिखाया जाना :-

सबसे बड़ी त्रासदी की बात यही है कि हमारा समाज, परिवार हमको अमीर बनना नहीं सिखाता। हम अपने बड़े लोगों से नौकरी के बारे में सीखते आते हैं और आखिर में नौकरी करके अपना जीवन यापन करने लगते हैं। समय बदल रहा है और संपत्ति का दायरा भी बदल रहा है। पहले लोग जमीन, पशु, बाग, खेती के साधनों आदि को संपत्ति मानते थे लेकिन आज यह संपत्ति में नहीं गिन सकते। लोग नौकरी करके अपने को चिंता मुक्त कर लेना चाहते हैं। लेकिन जब वह नौकरी करते हैं तो वह अपनी अपने साथ के लोगों के साथ तुलना करते हैं तो अपने को बहुत पीछे पाते हैं। ऐसा ही मेरे और मेरे साथ पढ़ रहे नवीन साहू में आज कितना अधिक अंतर मिलता है। नवीन साहू आज मेरे शहर का सबसे बड़ा गेहूं व्यापारी बन चुका है जो महीने का ₹1000000 से भी अधिक कमा रहा है जबकि में ₹70000 से ₹80000 महीने तक ही सीमित था। अमीर बनना हमारे नजरिए पर निर्भर करता है जैसा कि मेरे मोहल्ले के अवस्थी जी ने सस्ती जमीन खरीद कर उस पर आरे की मशीन, भट्टा लगाकर काफी अच्छा खासा मुनाफा कमाया था

जिसके चलते आज वह करोड़पति बन गए थे इसलिए हमें संकुचित मानसिकता को त्याग कर बड़ी सोच रखनी चाहिए।

रिश्तो के जाल में फंसा होना :-

हम कई बार कुछ बड़ा बनने का लक्ष्य रखते हैं लेकिन हम अपने लोगों , परिवार, समाज व गांव इत्यादि के मोह में फस कर कुछ बड़ा नहीं कर पाते क्योंकि हम उनका त्याग नहीं कर पाते। मैंने पहले ही बताया है कि सफलता त्याग मांगती है बिना त्याग के हम सफल नहीं हो सकते जैसे भगवान बुद्ध जो पहले सिद्धार्थ थे जिन्होंने अपनी सुंदर पत्नी, बच्चों, राजपाट आदि को छोड़कर जंगल में जाकर ध्यान लगाया और ज्ञान प्राप्त किया, अपने जीवन को सफल किया। अब हमें तय करना है कि हमें क्या करना है? लक्ष्य प्राप्त करना है या मोह में पड़े रहना है। लक्ष्य के लिए त्याग की सीख भगवान बुद्ध से लेते हुए हमें मोह माया से निकलकर लक्ष्य की तरफ अग्रसर होना होगा।

2. स्वयं से उत्पन्न चुनौतियां :-

यह वह चुनौतियां होती हैं जो स्वयं में पाई जाती हैं या हम यूं कहें की यह स्वयं में पाई जाने वाली कमियां होती हैं जो हमें हमारे लक्ष्य तक नहीं पहुंचने देती। हमें इन कमियों को जानना चाहिए और उन्हें दूर करके अपनी सफलता प्राप्ति के रास्ते को प्रशस्त करना चाहिए। मैं ऐसी ही कुछ अहम कमियों की बात करने जा रहा हूं जो स्वयं में पाई जाती है।

आत्मविश्वास की कमी :-

हमको समझना होगा कि आत्मविश्वास ईश्वर की दी हुई वह ऊर्जा है जिससे आप कुछ भी विजय कर सकते हैं। यह ऊर्जा स्वयं को स्वयं में भरनी पड़ती है। हमारा इतिहास ऐसे कई उदाहरणों से

भरा पड़ा है जो अपने आत्मविश्वास की दम पर ही अपना नाम इतिहास में लिखवाने में सफल रहे हैं जिनमें मैकडोनाल्ड के संस्थापक मेरिस मैकडोनाल्ड, डिज़्नी के संस्थापक वाल्ट डिज़्नी, माइक्रोसॉफ्ट के संस्थापक बिल गेट्स और फेसबुक के संस्थापक जुकरबर्ग इत्यादि शामिल हैं।

दूरदर्शिता की कमी :-

यह एक अहम कमी है जो मुख्यतः अधिक से अधिक लोगों में देखने को मिल जाती है। कई ऐसे लोग होते हैं जो स्थिति को भापने की भूल कर देते हैं और बाद में पछताते हैं। ऐसा हमारे साथ होता रहता है। हम अनेकों अवसर यूं ही गवा देते हैं और बाद में अपनी मूर्खता पर पछताते हैं। मेरा शहर में मकान है उसके आसपास में उस समय जब हमारा मकान बना था तब काफी सस्ती जमीने थी। मेरे पिता ने अगर थोड़ी सी दिलचस्पी दिखाई होती तो वह उन जमीनों को ले सकते थे और आज काफी अच्छा कमा सकते थे। हमारे आसपास अनेकों उदाहरण देखने को मिलते हैं जो विभिन्न अवसरों के रूप में हमारे सामने आते हैं और हमारी दूरदर्शिता की कमी के चलते वह निकल जाते हैं। हमें दूरदर्शिता की इस कमी को दूर करना होगा और अपने में इस खूबी को विकसित कर अवसरों का लाभ उठाना होगा।अवसर सभी के पास समान रूप से आता है पर उसका फायदा केवल कुछ ही लोग उठाते हैं।

महत्वकांक्षी न होना:-

अगर आपने इतिहास के पन्ने पढ़ रखे हैं तो आपको चंद्रगुप्त, अलाउद्दीन खिलजी, कुतुबुद्दीन ऐबक, शेरशाह सूरी वा छत्रपति शिवाजी जैसे अनेकों अत्यंत महत्वकांक्षी शासक मिलते हैं जो अपने महत्वाकांक्षा के दम पर जमीन से आसमान तक का सफर तय करते हुए मिल जाते हैं जो भारत जैसे विशाल देश के शासक बन गए। हमें महत्वाकांक्षा के बारे में जानना होगा इसे अपने अंदर उतनी ही गहराइयों तक उतारना होगा जितनी गहराइयों मे इन

उपरोक्त शासकों ने अपने अंदर उतारा था जिससे वह भारत देश के शासक बन पाए। यह एक इंधन का काम करता है जो हमें हमारे लक्ष्य तक पहुंचाने में मदद करता है। धीरूभाई अंबानी, रतन टाटा, फेसबुक के संस्थापक जुकरबर्ग इत्यादि प्रबल महत्वकांक्षी व्यक्तियों के उदाहरण हैं। प्रबल महत्वकांक्षी होने का एक उत्तम उदाहरण मैं आपको देता हूं। एक समय एक राजा एक बड़े विशाल राज्य पर राज करता था। उसने साथ के आतंकित राज्य के राजा की पुत्री से अपने पुत्र की शादी करके उस राज्य को बिना युद्ध के ही अपना मित्र बना लिया। यह सब राजा की महत्वाकांक्षा का ही परिणाम था जो बिना किसी युद्ध के ही उसने स्थिति को अपने पक्ष में कर लिया था। हमें भी इस महत्वाकांक्षा पर जोर देना होगा, इसकी महत्ता पर नजर डालनी होगी और अपने अंदर महत्वाकांक्षा रखनी होगी। वह महत्वाकांक्षा आपका अपना लक्ष्य प्राप्त करने का हो सकता है। महत्वाकांक्षा के बिना आप क्या कोई लक्ष्य प्राप्त कर सकेंगे? इस तथ्य पर भी विचार करना पड़ेगा अतः आप महत्वकांक्षी बने और अपने लक्ष्य को ईंधन प्रदान करें।

नया करने में साहस की कमी :-

हम अधिकांशतः वही काम करते रहते हैं जो हमें हमारे पूर्वजों ने बताया, सिखाया व दिखाया होता है। हम इस प्रचलन से कुछ अलग नहीं करना चाहते और इसी दौड़ में सम्मिलित हो जाते हैं। हम अपनी पूरी जिंदगी उसी पुराने तोर- तरीके से जीते रहते हैं जैसे हमसे पहले लोग जीते आए थे। इसी तरह से रोजगार, दिनचर्या इत्यादि में भी ठीक वैसी ही पुनरावृति देखने को मिल जाती है मगर जब तक हम हटकर नहीं सोचते हम उसी भीड़ का हिस्सा नजर आते हैं। मेरे गुरु मिस्टर अश्वनी जी हमेशा ही भीड़ से बाहर निकलने पर जोर देते रहते थे। वह हमसे कीड़े, मकोड़े की तरह नहीं रहने को कहते रहते थे। हमें उसमें से निकलना पड़ेगा कुछ नया करना पड़ेगा कि बात हमेशा वह करते थे। जैसा टाइम मैगजीन की पहली किड ऑफ द ईयर बनी गीतांजलि राव ने किया। गीतांजलि से हमें कुछ नया करने की सीख व साहस मिलता

है। आप जिसे भी सफल मानते हैं तो आप यकीन करें कि उसने कुछ नया किया है। जब हम नया करते हैं तो हम उन करोड़ों कीड़े मकोड़ों की भीड़ से बाहर निकलते हैं।

लगन की कमी :-

यह वह चीज है जो हमको हमारा लक्ष्य समय से या समय से पहले दे देती है। मान लीजिए अगर आपके पास आपका एक लक्ष्य है कि आपको अपने गांव का सबसे अमीर व्यक्ति बनना है तो उसके लिए आपको काम करने की जरूरत पड़ती है और उस काम को करने की क्षमता, कार्यकुशलता व काम करने का कौशल इत्यादि आपके लगन पर निर्भर करती है। भारत के महान स्वतंत्रता संग्राम सेनानी लाला लाजपत राय की मृत्यु ने भगत सिंह को काफी आहत किया। भगत सिंह ने उनकी मौत का बदला लेने की योजना बनाई और वह उस योजना के प्रति समर्पित हो गए। उन्होंने उस अंग्रेज अफसर सांडर्स को मात्र 1 महीने के अंदर ही 17 दिसंबर 1928 को मौत के घाट उतार दिया और लाला लाजपत राय की मौत का बदला ले लिया जिसके लिए अंग्रेजो ने उन्हे फांसी पर चढ़ाने की सजा दी जिसे उन्होंने हंसते हुए स्वीकार कर लिया। हमारी अपने लक्ष्य के प्रति ऐसी ही लगन होनी चाहिए ऐसा ही समर्पण भाव होना चाहिए ऐसी ही निष्ठा होनी चाहिए जिससे हमारा लक्ष्य हमको समय से मिल सके।

सक्रियता से दूर रहना :-

हम सबसे बड़ी गलती यही करते हैं कि हम हमारे आसपास की घटनाओं पर ध्यान नहीं देते हैं। हमारे पड़ोस में क्या घटित हुआ बाजार का क्या माहौल रहा? समाज में क्या हुआ? देश में क्या चल रहा है? इत्यादि यह ऐसी न्यूज़ है जो हमें पता नहीं होती जिससे हम सामाजिक रूप से काफी पिछड़ जाते हैं। हमें परिवार, समाज, बाजार, उद्योग, शहर व देश विदेश की विस्तृत जानकारी लेनी चाहिए क्योंकि यह वह जानकारी है जो हमको समाज में रहते हुए हमारे विकास में एक अहम भूमिका निभाती है। यह हमारे लिए

अति आवश्यक होती है। यह वह जानकारी है जो हमें समाज के साथ अपडेट करती रहती है। यह जानकारियां हमारा व समाज का तालमेल बैठाकर रखती है। हम सक्रिय होते हैं तो हम अवसरों का सृजन अधिक कर पाते हैं और जब हम सक्रिय नहीं होते है तो हाथ आया अवसर भी निकल जाता है। सक्रियता सफलता के लिए एक निहायत ही जरूरी गुण है। हमें इस गुण को अपने अंदर विकसित करना होगा जिससे हम ज्यादा से ज्यादा अवसरों का सृजन कर अपने लक्ष्य को समय से साध सके।

अच्छी संगत से दूर रहना :-

संगत का हम पर कैसा असर पड़ता है यह किसी से छिपा नहीं रह सका है इसलिए संत कबीर दास जी ने संगत की महत्ता पर जोर देते हुए अनेकों दोहे कहे हैं। जिनमें से एक दोहा इस प्रकार है।

" संगत कीजै साधु की,

कभी ना निस्पल होय।

लोहा पारस परस्ते ,

सो भी कंचन होय।"

अर्थात अच्छे लोगों की संगत कभी भी खराब नहीं जाती है जैसे पारस से लोहा छूने से वह सोना बन जाता है ठीक उसी प्रकार अच्छे लोगों की संगत बुरे व्यक्ति को भी अच्छा बना देती है। हमें भी अच्छी संगत की महत्ता को जानते हुए इसकी विशेषता पर ध्यान देना होगा और अच्छी संगत को प्राथमिकता देकर अपने अंदर व्याप्त बुराइयों को मिटाकर के उज्जवल रास्ते पर चलकर अपने जीवन के उद्देश्य को प्राप्त करना होगा।

सफलता के लिए आदत न बनाना :-

सफलता के लिए आदतें बनानी पड़ती हैं। यह आदतें हमारे और लक्ष्य के मध्य रास्ते की तरह होती हैं जो हमें लक्ष्य से विमुख होने

से रोकती हैं। अच्छी आदतें इस बात की परिचायक होती हैं कि आप कुछ अच्छा करने वाले हैं। इन्हीं अच्छी आदतों में हमें अपने जीवन में दो सूत्रों को उतारने की विशेष जरूरत है। जिसमें पहला है दूसरों की बातों पर ध्यान ना देना और दूसरा है हमेशा खुश रहना।

देने की कला न आना :-

अमीर देने पर विश्वास करते हैं। वह जरूरतमंदों और ट्रस्टों इत्यादि में दान देते रहते हैं। आप अपनी सबसे प्रिय चीज को दान करें। वह आपको मल्टीपल होकर वापस मिल जाएगी। यही तो प्रकृति का नियम है। रतन टाटा और फोर्ड फाउंडेशन हमेशा दान देते रहते हैं। अमीर दान देने की प्रवृत्ति रखते हैं जबकि गरीब देने की जगह लेने की प्रवृत्ति रखते हैं। यह प्रवृत्ति ही गरीब को हमेशा गरीब बनाएं रखती है और अमीर को अमीर। मैंने आपको पहले ही ईश्वर के प्रकृति का नियम बताया है कि सब कुछ हमारे विचारों पर, हमारे नजरिए पर निर्भर करता है। जब हम देने की प्रवृत्ति रखते हैं तो ईश्वर हमको देने के लिए पर्याप्त मात्रा में धन संपत्ति मुहैया कराता है और जब हम लेने की विचारधारा रखते हैं तो हम अपने को दूसरे पर आश्रित कर देते हैं।

छात्र न बने रहना :-

एक अच्छे टीचर की परिभाषा एक अच्छा स्टूडेंट होना ही है। करने और सीखने की कोई समय सीमा या उम्र नहीं होती है इसलिए आप हमेशा एक स्टूडेंट बने रहें। हमेशा एक सीखने वाला बने रहे। आप ज्यादा से ज्यादा चीजों को सीखते रहें । कोई भी चीज बेकार या बेवजह नहीं होती है। कोई भी ज्ञान कभी भी बेकार नहीं जाता वह कभी ना कभी काम आ जाता है।

सहनशक्ति की कमी होना :-

अधिकांश लोग लक्ष्य रखते हैं और उस पर काम भी करते हैं पर पहली ठोकर से ही वह भयभीत हो जाते हैं और अपने लक्ष्य को छोड़कर शांत बैठ जाते हैं या मार्ग बदल देते हैं। मैं उनको अमेरिका के पूर्व राष्ट्रपति अब्राहम लिंकन के बारे में बताना चाहूंगा जिन्होंने छोटे से छोटा चुनाव हारा है । वह इतनी बार असफल हुए जितनी बार वह कभी सफल ना रहे फिर भी उन्होंने हार ना मानी और आखिरकार वह अमेरिका जैसी शक्तिशाली देश के राष्ट्रपति बन सके।

इंद्रियों पर काबू न होना :-

आपकी सफलता में आपके व्यक्तित्व का बहुत बड़ा योगदान होता है। आपको अपनी इंद्रियों पर काबू होना चाहिए । आंख, नाक, कान, मुंह और त्वचा यह आपकी पांच इंद्रियां हैं। इन पर काबू होने का अर्थ आप अपनी कमजोरियों को वश में रखते हैं।

1. बुरा ना सुनना
2. बुरा ना देखना
3. किसी के प्रति आकर्षित ना होना
4. खाने-पीने के चक्कर में ना पढ़ना
5. व्यभिचारी ना होना

यह सभी अमूमन वह कमियां है जिसके चलते शक्ति से शक्तिशाली व्यक्ति कमजोर हो जाता है और अपने लक्ष्य को भेदने से कई बार चूक जाता है।

स्वयं में निष्ठा की कमी :-

हर चीज की कीमत होती है। आपको वह कीमत चुकानी ही पडती है। आप जो भी लक्ष्य रखते हैं उसमें निष्ठा रखें। अपने को उसे प्राप्त

करने के लिए त्याग करने को कहें क्योंकि जब आप अपने लक्ष्य के लिए त्याग करते हैं तो वह लक्ष्य आपकी तरफ आकर्षित होता है और वह आपको मिलकर रहता है।

ईश्वर में विश्वास की कमी :-

हमें अपने में और ईश्वर में दोनों में विश्वास होना चाहिए क्योंकि जब हम ईश्वर पर विश्वास करते हैं तो ईश्वर यानी प्रकृति हमारी मदद करती है। यही प्रकृति का और ईश्वर का नियम है। ईश्वर और प्रकृति एक ही के दो रूप है वह हमारी अज्ञानता में अलग-अलग हो सकते हैं। प्रकृति में जीव, जंतु आदि आते हैं। मनुष्य जीव है इसलिए मनुष्य भी प्रकृति का एक हिस्सा है। इसे पहले भी समझाया जा चुका है पर हम ही इसे नहीं समझते। आत्मा परमात्मा का ही एक रूप है। यहां पर आत्मा से मनुष्य और परमात्मा से ईश्वर या प्रकृति से संबंध है। हमे अपने को इस ज्ञान से अभिभूत कर, इस रहस्य को समझ कर, ईश्वर के प्रति अपनी श्रद्धा और भी प्रगाढ़ करनी चाहिए जिससे हमारा रास्ता स्पष्ट हो सके और हममें आत्मविश्वास की प्रखर ज्वाला जल सके।

सपने न देखना :-

प्रकृति कैसे काम कर रही है? जब हम प्रकृति से मांगते हैं तो प्रकृति हमें देती है इस नियम में सबसे कारगर साधन है सपने देखना। किसी ने तो टेलीफोन का सपना देखा था, किसी ने रेलगाड़ी, किसी ने वाहन का, किसी ने हवा में उड़ने का, किसी ने चांद पर जाने का और किसी ने कंप्यूटर का, जो कल तक सपने थे वही आज हकीकत है अतः हमें कोई ना कोई सपना देखना चाहिए। हमारे सपने प्रकृति से काम कराने के सबसे अच्छे साधन होते।

दूसरों में गलती निकालना व अपनी जिम्मेदारी न लेना :-

जब हम दूसरों की कमी नहीं निकालते हैं और अपनी कमियों की तरफ ध्यान केंद्रित करते हैं तो हम ज्यादा अच्छा करते हैं। इसी संदर्भ में कहा भी गया है कि अगर हम सही हैं तो जग सही है।

इत्यादि सभी पाई जाने वाली प्रमुख चुनौतियां हैं जो हमें आगे बढ़ने से रोकती हैं अतः हमें इन चुनौतियों से लड़ना होगा। इन पर विजय प्राप्त करनी होगी जिससे यह हमारे और लक्ष्य के मध्य से हट जाए और हम अपना लक्ष्य भेदने में सफल हो सकें।

प्रश्न

1. आपने किन-किन चुनौतियों का सामना किया?
2. किस चुनौती ने आपको, कैसे बाधित किया?
3. आपने किन कमियों को, कैसे जीता ?

हमें करना चाहिए

1. निम्नलिखित चुनौतियों के बारे में विस्तृत जानकारी लेनी चाहिए जिससे हम अपनी कमियों को जान सके उन पर विजय प्राप्त कर सके।
2. बताए गए माध्यम का प्रयोग करके चुनौतियों पर जीत हासिल कर उन्हें अपने और अपने लक्ष्य के माध्यम से हटा देना चाहिए।

9. लक्ष्य प्राप्ति के पूरको का ज्ञान न होना

लक्ष्य के पूरक वह है जो हमें हमारे लक्ष्य को भेदने में हमारी सहायता करते हैं। ऐसे तो कई पूरक हो सकते हैं परंतु यहां पर मुख्यतः तीन पूरको का वर्णन किया जा रहा है जो हमारे लक्ष्य प्राप्ति के लिए हमारी सहायता करते हैं।

1. बाजार

हममें से अधिकांश लोगों को तो यह भी नहीं पता है कि बाजार क्या होता है? सामान्यता आम बोलचाल की भाषा में बाजार वह जगह हो सकती है जहां हम अपने दैनिक जीवन का सामान लेते हैं। जैसे- शहर की सुनिश्चित जगह, माल, कांप्लेक्स इत्यादि । हमें कुछ और आगे बढ़ना चाहिए। जब हम बात गरीब से अमीर बनने की या अत्यधिक अमीर बनने की करते हैं तो हमें अपने विचारों को थोड़ा सा और बड़ा करना होता है। अगर हम आज के सापेक्ष में बोले तो बाजार कि हम कुछ ऐसी परिभाषा दे सकते हैं जैसे कि जहां हमारे लक्ष्य की प्राप्ति के उपरांत उसकी सफलता के अनुरूप हमारे लक्ष्य की कीमत मिल सके, हम उस जगह को बाजार कह सकते हैं क्योंकि लक्ष्य असीमित होता है, इसकी कीमत भी इसके ऊपर व इसकी सफलता पर ही निर्भर करती है। हमें इसे ऐसे भी समझ सकते हैं । जैसे-

जितना बड़ा लक्ष्य = उतनी बड़ी सफलता

जितनी बड़ी सफलता= उतनी बड़ी कीमत

यह वह उक्त सूत्र है जो लक्ष्य की सफलता की कीमत तय करने में कारगर सिद्ध होता है। इस सूत्र से आप अपनी कीमत तय कर सकते हैं अतः बाजार लक्ष्य के सापेक्ष में वह अप्रत्यक्ष स्थान है जो किसी भी कीमत को देने का सामर्थ्य रखता है। एक बहुत गरीब व्यक्ति था जिसने शहर की विधानसभा सीट से चुनाव लड़ा । वह अपने आशा के अनुरूप चुनाव जीत जाता है। जीतने के बाद उस व्यक्ति को पूरे शहर और राज्य में भी पहचान मिल जाती है। अब मैं उस आम व्यक्ति की सफलता को बाजार के सापेक्ष में समझाने की कोशिश करता हूं ।

विधायक बनने का लक्ष्य = विधायक बनना

विधायक बनना = जान- पहचान बनना, यश, समृद्धि ,धन इत्यादि की प्राप्ति होना ।

आपने अमिताभ बच्चन की सौदागर फिल्म जरूर देखी होगी। जिसमें वह एक गुड़ बेचने वाले व्यापारी का किरदार निभाते हैं। वह एक विधवा औरत कारीगर से गुड बनवाते हैं और बाजार में बेच देते हैं जिससे उन्हें काफी अच्छी आमदनी होती है। वह उस औरत से बाद में शादी कर लेते हैं जिससे उन्हें गुड़ बनाने के लिए कोई भी शुल्क नहीं देना पड़ता है। अब वह अत्यधिक गुड़ बेचकर ज्यादा से ज्यादा रुपए कमा लेते हैं। अधिक रुपए कमाने के बाद जब गुड का सीजन चला जाता है तो वह एक अन्य खूबसूरत औरत से जिससे वह पहले से प्यार करते हैं शादी कर लेते हैं और अपनी पहली बीवी को छोड़ देते हैं। अब दोबारा गुड़ का सीजन आता है तो वह अपनी बीवी को गुड़ बनाने के लिए कहते हैं पर वह गुड नहीं बना पाती और सारी गुड खराब हो जाती है। वह अपनी पत्नी को गुड़ बनाना सिखाता है पर वह नहीं सीख पाती आखिरकार उसका गुड का धंधा खत्म हो जाता है। उसके सारे कस्टमर दूसरे लोगों के पास चले जाते हैं। हमें इस फिल्म से यह ज्ञान मिलता है कि हमारे सामान की कीमत हमारे द्वारा बनाए गए सामान की उच्चता पर निर्भर करता है। अब यह हमें तय करना है कि हम जो सामान बना रहे हैं वह कितनी उच्चता का है। आप अपनी कीमत स्वयं निर्धारित करते हैं। हम अधिकांशतः अपनी कीमत नहीं जानते

क्योंकि हमें अपना आकलन व बाजार के बारे में विस्तृत जानकारी नहीं होती है। आशा है कि आप इन उदाहरणों से अपने लक्ष्य की सफलता की कीमत बाजार के सापेक्ष में समझ गए होंगे।

2. कानून

हम अधिकांश लोग कानून से बचते दिखाई देते हैं। कानून के चक्कर लगाने से बचते दिखते हैं। पर हमे मालूम होना चाहिए कि कानून सुव्यवस्था कायम रखने का सबसे नायाब तरीका है। बिना संविधान के राज्य की कल्पना के बारे में आप सोच नहीं सकते। बिना कानून के राज्य एक जंगल बन जाता है। हमें इस कानून की विस्तृत जानकारी होनी चाहिए जिससे हम अपने हितों की रक्षा कर सकें। कई बार हम इन कानूनों की अनभिज्ञता के चलते बड़ी से बड़ी मुसीबतों में फस जाते हैं। हम हमारी सफलता को सुनिश्चित करने के लिए कानून को अपनी ढाल बना सकते हैं। आपने देखा होगा कि कई बड़े बिजनेसमैन, व्यापारी इत्यादि वकीलों को अपने साथ रखते हैं जो उन्हें लीगल एडवाइजरी देते रहते हैं और उन्हें विभिन्न प्रकार की मुसीबतों से बचाते रहते हैं। हमें अपने संविधान का ज्ञान होना चाहिए जिससे हम अपने रास्ते में आ रही बाधाओं को दूर कर सके। आप सबने अक्षय कुमार अभिनीत फिल्म जौली एलएलबी का दूसरा भाग जरूर देखा होगा जो कानून के महत्व को वर्तमान दृष्टिकोण से दर्शाती हुई एक बेहतरीन फिल्म है। इस प्रकार समाचारों, न्यूज़ चैनलों अखबारों आदि से भी हमें समाज में कानून के महत्व का पता आए दिन चलता रहता है। जौली एलएलबी 2 में आखिर में जज के द्वारा अपना फैसला सुनाते हुए अदालत की अहमियत पर दिए गए तथ्यों को हमें ध्यान से सुनना चाहिए जिससे हम संविधान को और भी अधिक अहमियत दे सकें। मैं आपको ऐसी ही एक जीती जागती सत्य घटना के बारे में बताना चाहूंगा जो हम आए दिन अपने आसपास देखते रहते हैं। कानपुर महानगर में एक बुजुर्ग दंपति रहता था। इनके बच्चे विदेश में रहते थे। वह अपना मकान एक दंपत्ति को किराए से रहने को दे देते हैं जिससे वह अकेलापन महसूस ना करें। वह दंपति अति चालाक,

चतुर व लालची होता है जो बुजुर्ग दंपत्ति के अकेले होने का फायदा उठाता हैं। कुछ सालों बाद अचानक ही एक दिन वह किराएदार उन बुजुर्ग दंपत्ति को अपने घर से बाहर निकाल देते हैं जिससे उनका कोई ठिकाना नहीं रह जाता है। वह इधर- उधर भटकते रहते हैं। किराएदार उस बुजुर्ग दंपत्ति का विश्वास जीतकर उनसे प्रॉपर्टी के कागजों पर साइन करवा लेते हैं और अब वह उसी का फायदा उठाकर उनको उनके घर से बाहर निकाल देते हैं। आखिरकार बुर्जुग दंपत्ति कोर्ट जाते हैं। एक लंबी प्रक्रिया के बाद जो काफी सालों तक चलती है बुजुर्ग दंपत्ति केस जीत जाते है और वो पुनः अपने घर में वापस आ जाते हैं। उस दुष्ट दंपत्ति को उनका घर खाली करना पड़ता है। अब आप सोचें अगर यह संविधान ना होता तो वह बुजुर्ग दंपत्ति किसके सहारे रहता। उसे अपना मकान कैसे दोबारा वापस मिलता? और उसे कैसे इंसाफ मिलता? अतः संविधान पर हमें पूर्णता विश्वास होना चाहिए और इसकी पूरी जानकारी भी रखनी चाहिए जिससे हम अपने जीवन में उत्पन्न परेशानियों को संविधान की मदद से दूर कर सकें।

3. संगठन

संगठन किसी भी बड़े काम को सरल व सहज बना देता है। यह वह काम कर जाता है जिसे कोई एक व्यक्ति अकेला नहीं कर सकता है। इसी संदर्भ में बहुचर्चित कहावत प्रचलन में है कि "अकेला चना भाड़ नहीं फोड़ता है"। हमें इस बात को समझना होगा। गरीब अकेले काम करता है जबकि अमीर संगठन बनाकर अपने लिए काम कराता है। अमीर के लिए संगठन काम करता है। आप अकेले कुछ नहीं कर सकते है लेकिन करवा बहुत कुछ सकते हैं। बड़ी से बड़ी लड़ाई सेनापति लड़ता है। युद्ध में सेनापति की युद्ध की चाले, रणनीति, दांव आदि काम आती है जिससे उसकी सेना युद्ध जीत जाती है। आज अनेकों ऑनलाइन व्यापार चल रहे हैं। कई लोग इससे जुड़े हुए हैं और यह व्यापार फल फूल रहा है। अगर आप अत्यधिक अमीर बनना चाहते हैं तो आपको भी अपने लिए संगठन बनाना पड़ेगा। जब कई लोग संगठन के रूप में

आपके लिए काम करेंगे तो आप जल्द से जल्द अत्यधिक अमीर बन जाते हैं। जब आप संगठन के रूप में कार्य करते हैं तो आपको अपने संगठन, इसके कार्यकर्ताओं का ध्यान भी रखना पड़ता है। जब आप अपने संगठन के प्रति समर्पित होते हैं तो आपके लिए कार्य कर रहा संगठन भी आपके प्रति इमानदार होता है और बड़े से बड़ा काम आपके लिए साहस के साथ करते हुए चला जाता है। मैं यहां पर आपको संगठन की शक्ति एक कहानी के माध्यम से बताना चाहूंगा जिसमें छोटे छोटे जीव जंतु अपने संगठन से एक दुष्ट विशाल अजगर को मौत के घाट उतार देते हैं। इससे संगठन की शक्ति का हमें पता चलेगा।

एक वन में बहुत बड़ा अजगर रहता था। वह बहुत अभिमानी और अत्यंत दुष्ट था। वह जब अपने बिल से निकलता तो सब जीव उससे डर कर भाग खड़े होते। उसका मुंह बहुत विकराल था । एक बार अजगर शिकार की तलाश में घूम रहा था। सारे जीव अजगर को बिल से निकलते देख कर भाग चुके थे। जब अजगर को कुछ ना मिला तो वह क्रोधित होकर इधर उधर खाक छानने लगा। वही निकट में एक हिरणी अपने नवजात शिशु को पत्तियों के ढेर के नीचे छिपाकर स्वयं भोजन की तलाश में दूर निकल गई थी। अजगर की फूंकार से सूखी पत्तियां उड़ जाती है और हिरण का बच्चा नजर आने लगता है। अजगर की नजर उस पर पड़ी तो हिरणी का बच्चा उस भयानक जीव को देखकर इतना डर गया कि उसके मुंह से चीख तक ना निकल पाई। अजगर ने देखते ही देखते नवजात हिरण के बच्चे को निगल लिया तब तक हिरणी भी लौट आई थी पर वह क्या करती? वह बेचारी आंखों में आंसू भर के दूर से अपने बच्चे को काल का ग्रास बनते देखती रही। हिरनी के शोक का ठिकाना ना रहा। उसने किसी भी तरह से अजगर से बदला लेने की ठान ली। हिरणी की एक नेवले से दोस्ती थी वह अपने मित्र नेवले के पास गई और रो-रोकर उसे अपनी दुख भरी कथा सुनाई। नेवले को भी बहुत दुख हुआ लेकिन वह दुख भरे स्वर में बोला, "मित्र मेरे बस में होता तो मैं उस ने अजगर के सौ टुकड़े कर डालता। पर क्या करें वह छोटा-मोटा साप नहीं है जिसे मैं मार सकूं वह तो एक अजगर है वह अपनी पूंछ की फटकार से ही मुझे

अधमरा कर देगा लेकिन यहां पास में ही चीटियों की एक बांबी है वहां की रानी मेरी मित्र है हमें उससे सहायता मांगनी चाहिए" नेवले की बात सुनकर हिरणी निराश स्वर में बोली," पर जब तुम्हारे जितना बड़ा जीव उस अजगर का कुछ बिगाड़ने में समर्थ नहीं है तो वह छोटी सी चींटी क्या कर लेगी?" नेवले ने कहा," ऐसा मत सोचो , उसके पास चीटियों की बहुत बड़ी सेना है। संगठन में बहुत बड़ी शक्ति होती है।" नेवले की बात सुन हिरणी को कुछ आशा की किरण नजर आई। नेवला हिरनी को लेकर चींटी रानी के पास गया और उसे सारी कहानी सुनाई। चींटी रानी ने सोच विचार कर कहा,"हम तुम्हारी सहायता अवश्य करेंगे। हमारी बांबी के पास एक संकरा, नुकीले पत्थरों भरा रास्ता है। तुम किसी तरह उस अजगर को उस रास्ते पर आने के लिए मजबूर करो । बाकी काम मेरी सेना पर छोड़ दो।" नेवले को अपने मित्र चींटी रानी पर पूरा विश्वास था इसलिए वह अपनी जान जोखिम में डालने पर तैयार हो गया। दूसरे दिन नेवला जाकर सांप के बिल के पास अपनी बोली बोलने लगा। अपने शत्रु की बोली सुनते ही अजगर क्रोध में भरकर अपने बिल से बाहर आया । नेवला उसी संकरे रास्ते वाली दिशा में दौड़ा। अजगर ने पीछा किया अजगर रुकता तो नेवला मुड़कर पुकारता और अजगर को गुस्सा दिला कर फिर पीछा करने पर मजबूर करता इसी प्रकार नेवले ने उसे संकरीले रास्ते से गुजरने पर मजबूर कर दिया। नुकीले पत्थरों से उसका शरीर छीलने लगा। जब तक अजगर उस रास्ते से बाहर आया तब तक उसका काफी शरीर छिल गया था और जगह जगह से खून टपक रहा था। उसी समय चीटियों की सेना ने उस पर हमला कर दिया। चीटियां उसके शरीर पर चढ़कर छीले स्थानों के नंगे मांस को काटने लगी। अजगर तड़प उठा उसके शरीर से खून टपकने लगा जिससे मांस और दिखने लगा और चीटियों को आक्रमण के लिए नए-नए स्थान मिलने लगे। अजगर चीटियों का क्या बिगाड़ता? वह हजारों की गिनती में उस पर टूट पड़ी थी। कुछ ही देर में अजगर ने तड़प-तड़प कर दम तोड़ दिया। सच संगठन की शक्ति बड़ों बड़ों को धूल चटा देती है इसलिए स्वयं को संगठन से जोड़े। संगठन

सामूहिक हितों के लिए होता है। इससे बड़े से बड़ा असंभव दिखने वाला काम भी बड़ी सहजता से हो जाता है।

सारांश

हमारे लक्ष्य की प्राप्ति के पूरक जो कि संगठन, कानून और बाजार के रूप में मुख्यतः हैं । उनका महत्व हमारे लक्ष्य की प्राप्ति में काफी अहम हो जाता है । यह कठिनाइयों को दूर करने में हमारी सहायता करते हैं। हमें इन तीनों पुरको की जानकारी होनी चाहिए जिससे हम अपने लक्ष्य में उत्पन्न बाधाओं को दूर कर सके तथा इनकी मदद से हम अपने लक्ष्य को चरम ऊंचाइयों तक प्राप्त कर सकें।

प्रश्न

1. आपको अपने लक्ष्य की प्राप्ति में किस पूरक की अत्यधिक आवश्यकता पड़ सकती है?

हमें करना चाहिए

1. हमे तीनों अहम पुरको की महत्ता को समझकर उसकी विस्तृत जानकारी लेनी चाहिए।

10. उपसंहार

अधिकांश लोग गरीब पैदा होते हैं या कुछ अपनी गलतियों के चलते अपनी पूरी संपत्तियों को गवा देते हैं। गरीब लोग गरीब क्यों है? जिसका उन्हें उचित उत्तर नहीं मिलता। लोग अपनी पूरी जिंदगी क्या काम कर रहे हैं? यह भी नहीं जान पाते। इस पुस्तक के माध्यम से गरीब होने के कारणों को विस्तृत रूप से उजागर किया गया है जैसे लोगों को अपने लक्ष्य के बारे में नहीं पता रहता और वह मृत्यु प्राप्त कर जाते हैं। जिन लोगों के पास लक्ष्य होता भी है तो उन्हें यह नहीं पता होता है कि हम उस लक्ष्य को क्यों प्राप्त करें?, कैसे प्राप्त करें? जब इन प्रश्नों का उत्तर उन्हें मिल जाता है तो वह सामने आए अवसरों को नहीं पहचान पाते और वह यूं ही कई मौके चूकते रहते हैं । अधिकांश लोग कभी पहल नहीं करते और अपना पूरा जीवन वैसे ही जी डालते हैं जैसे उनसे पहले लोग जी कर चले गए होते हैं। गरीब लोग कभी पहल नहीं करते हैं जिसके कारण वह कभी भी अपने लक्ष्य की प्राप्ति नहीं कर पाते हैं। जो लोग अवसर को पहचानते हैं व पहल करते हैं वह कभी गरीब नहीं रहते हैं। हमें सफलता के गूढ़ रहस्य को समझना होगा कि कैसे हम सभी प्रकृति के अभिन्न अंग हैं? हम प्रकृति से या प्रकृति हमसे अलग नहीं हैं। ईश्वर के रूप में हम प्रकृति के विभिन्न रूपों की पूजा करते हैं। हम ईश्वर से अपनी इच्छा जाहिर करते हैं। वह मनोकामना हमारी जरूर पूरी हो जाती है और हम खुश हो जाते हैं। हम सोचते हैं कि ईश्वर सच्चे हैं। लेकिन हम प्रकृति के गुणों से अपरिचित रहते हैं। प्रकृति और ईश्वर में हम भेदभाव करते हुए नजर आते हैं। प्रकृति की असीमित शक्तियों को हम कभी भी नहीं जान पाते। जिस का सबसे बड़ा नुकसान स्वयं हमको होता है। प्रकृति की शक्तियों से अछूते हम कभी भी उन्नति नहीं कर पाते। प्रकृति के साथ ही साथ हमें समय की मांग को भी जानना चाहिए। गरीब व्यक्ति की सबसे

बड़ी कमी समय के अनुसार ना चलना या उसकी मांग क्या है? ना जानना भी रहती है। जो समय के अनुसार चलता है वह आगे बढ़ता जाता है और जो समय की अनदेखी करता है वह काफी पिछड़ जाता है। वह वहीं रहता है जहां वह पहले हुआ करता था। इसे हम एक सफलता के लक्षण के रूप में भी देख सकते हैं । जो व्यक्ति समय का पाबंद होता है मतलब कि वह सफलता के लिए तैयार होता है। आप अपने लिए समय निकालें । अपनी सफलता के बारे में सोचें, विचार करें। समय का सबसे बड़ा दुश्मन आलस्य है इसलिए हमें समय का सदुपयोग करने के लिए आलस्य को खत्म करना होगा। समय के साथ चलने पर भी हमें हमारे और लक्ष्य के बीच अनेक प्रकार की चुनौतियों का सामना करना पड़ता है। यह मुख्यतः दो प्रकार की होती हैं।

प्रथम बाहरी चुनौतियां होती हैं। जो चुनौतियां दूसरों से हमें मिलती हैं उन्हे हम बाहरी चुनौती मानते है । यह मुख्यता समाज से मिलती हैं। दूसरी चुनौती स्वयं से प्राप्त होने वाली चुनौतियां हैं जो हमें हमारे अंदर व्याप्त कमियों के रूप में मिलती हैं। हमें इन चुनौतियों को स्वीकार करना है और उन पर विजय प्राप्त करनी है। हम उस समय अपने लक्ष्य को सहजता से प्राप्त कर सकते हैं जब हम इस पुस्तक में बताए गए सभी तत्वों का अच्छे से मनन करके अपनी कमियों को जाने, उन्हें पहचाने वा अपना आकलन करते हुए अपनी राह प्रशस्त करें।

"तुम गरीब पैदा हुए यह तुम्हारी गलती नहीं है, अगर तुम गरीब मरते हो तो यह तुम्हारी गलती है।"

- बिल गेट्स

इसके साथ ही साथ लोगों को लक्ष्य प्राप्ति में सहायक इसके पूरको जैसे कानून, संगठन और बाजार की भी अच्छी जानकारी रखनी चाहिए। कानून, संगठन और बाजार लक्ष्य प्राप्ति में हमारे मुख्यता सहयोगी होते हैं और यह लक्ष्य में उत्पन्न बाधाओं को दूर करते हैं। मैं अपने पाठकों को ऊर्जावान करने के उद्देश्य से एक उत्साहवर्धक कविता साझा कर रहा हूं जो आपको असीम ऊर्जा

प्रदान कर आपको आपके लक्ष्य की तरफ आकर्षित करने को प्रेरित करती रहेगी।

सोच नीव भर बस है
नीव के ऊपर बढ़ना है
सोच सीमित ना रह जाए
आखिर कुछ तो करना है ।

करना भी है
समय में रहकर
सीमाएं लक्ष्यों की तय करना है
आखिर कुछ तो करना है ।

कुछ ऐसा जो तुममें है बस
तुमसे बेहतर कोई नहीं है
यकीन तुम्हें अपने पर धर
कदम को आगे करना है ।

बाधाएं बस दिखती भर है
आती हैं पतझड़ सी रस्ते
ढीट बनो पथ बढ़ना है बस
कदम तो आगे रखना है ।

दोराहे धाराएं पंथ जमीन पर
सृष्टि जिनसे बटी पड़ी है
संकुचित ओछी राहों से उबर
लंबी राहों पर चलना है ।

क्यों सुनते हो?
कौन क्या कहता है ?
कोई क्या तुम्हें रहता है ?
तुम अपनी सुनने के आदी बन
लक्ष्य को बस भेदना है ।

ना,ना कहना भी अच्छा है
उनसे कहो जिनसे बचना है
दूर रहो उदासीनता से
ऊर्जाओं से उर्जित होना है ।

खेलो तो तुम आगे बढ़ कर
फिर देखोगे, कितना अच्छा है
ठोकर भी सीख जब देती हो
फिर सीख लेकर चलना है ।

जीवन ही सिखलाई देता है
हम ही इससे सीख ना लेते
यह इशारों, घटनाओं में बोलता है
आगे हमको बढ़ना है।

खुद पर यकीन करके
तुम चलो अपने रास्ते
यही आज से ही तुम विजेता हो
कल के दर्पण में बस दिखना है।

तुम यकीनन उस बिंदु पर पहुंचोगे
जहां तुम चाहते हो
क्यों? ना पूरी हो चाहत
मेहनत को आखिर खिलना है ।

तय करना लक्ष्य को है बस
भेदना तैयारी को कर
रुकावटें क्या रोक पाई हैं?
जब मेहनत पानी बनकर बहता है।

सोच अच्छी, ऊंची रखना
जिस पर चलना अच्छा लगता
बढ़ाना है प्रतिपल, प्रतिक्षण
क्या रुकना? थकने में क्या रखा है?

जब चाहते पूरी होने लगती है
एक और सपना दिखने लगता है
लक्ष्य लक्ष्यों में तब्दील हो जाता
सीमा ,सीमाओं का रूप धरता है ।

निसंदेह तुम जैसे बस तुम ही हो
तुम जैसा कोई दूजा नहीं
जो करते हो इससे अच्छा
कोई नहीं कर सकता है ।

आशा है कि आपको अपने अधिकांश प्रश्नों के संतोषजनक उत्तर मिल गए होंगे। आपके उज्जवल भविष्य की कामना के साथ

'धन्यवाद'

www.ingramcontent.com/pod-product-compliance
Ingram Content Group UK Ltd.
Pitfield, Milton Keynes, MK11 3LW, UK
UKHW041955190726
13854UKWH00005B/1994